당신의 수익은 우연입니다

당신의 수익은 우연입니다

1판 1쇄 발행 2021년 7월 23일
1판 2쇄 발행 2021년 8월 20일

지은이 이오하

교정 주현강
편집 유별리

펴낸곳 주식회사 영화나무
펴낸이 김병진

주소 서울특별시 강남구 선릉로86길 31, 926호(대치동)
이메일 yhnamu21@gmail.com   **홈페이지** www.yhnamu.com

ISBN 979-11-975229-0-1 [03320]

죄와 주가조작의 수사 방식과 형태 왜 '우연'이라고 할까요? 악재의 미공개 정보를 이용한 손실 회피

M&A는 어떻게 완성될까요? 금융 다단계나 유사수신 업체를 활용한 주가조작 상장폐지 작전

목 고르기 상승형 주가조작 무자본 M&A 종목에 대한 관리의 필요성 무자본 M&A에 수반되는 주가조작

인먼트 업계의 큰손이 되어 버린 A 씨 스타트업(Startup) 또는 벤처기업(Venture Business)의 흥망성쇠

차트의 각 지점에 대한 설명 하락형 주가조작 SK하이닉스와 기업사채시장 기업사채업자들의 영업 방식

의 목적과 수단에 따른 분류 기업사채업자와 공모된 현금화 백서 발행 주식시장에서 벌어지는 주가조작

M&A를 가장한 주가조작 무자본 M&A 세력들이 선호하는 회사들 하한가 따먹기 '주가조작'이란 무엇일까요?

서 기업형 사채업체를 운영했던 E 회장 형제들과 상상인 유준원 가상화폐 조작의 공모 성공한 주가조작은?

M&A 연예인과 주식시장 실패한 주가조작과 성공한 주가조작의 예 저가 매집을 위한 고의적 하락

의 일반적인 3가지 구조 상승형 주가조작의 일반 명문대 통계학과 출신의 C 씨 장외시장의 참여자들

는 '끝전'으로 가두리 방식의 가상화폐 조작 악의 시드머니(Seed Money) 가상화폐의 가격조작 방법

의 개념 워런트 풀어먹기

기 기업 범죄

주식이란? 우연 만들기

당신의 수익은
우연입니다

장에서 벌어진 불법의 예 ICO 독자적 배경 기술 장외주식 전문 거래 사이트 비상장주식의 형태와 거래

계 시장의 조작 B 회장 주식담보대출

가상화폐 일명 '찍기' 비상장주식의 거래와 조작

래시장의 큰손들 우량 가상화폐를 찾는 법

폐의 사업 모델 무자본 M&A의 예 기업 범죄 수사의 시작 저자 이오하 각종 '테마'를 활용한 주가조작

폐 발행 주체의 은폐 가상화폐의 발행과 ICO 그리고 거래소 주가조작(기업 범죄) 인지 수사 구조도

식시장의 구조와 참여자들 롤링(Rolling) 팀에 의한 가상화폐 조작 기업 범죄의 인지 수사 추가 기소의 방법

공을 목적으로 하는 주가조작 현금 보유도 투자입니다 백서(白書, White Paper)에서 프로그램 개발자 확인

죄 수사를 시작할 때 용어의 숙지의 중요성 주가조작 선수들의 진화 자본금 규모가 큰 비상장 주식회사

식의 거래 구조 정보를 해석할 수 있는 능력 연예인 로드 매니저 출신 D 씨 '무자본 M&A'란 무엇일까요?

죄 실행자들의 목적 ## 제보자 X가 말하는 대주주 지분의 반대매매로 인한 하락

무자본 M&A 사건의 경우

폐 발행 업체의 경영진에 대한 확인 ## 주식시장의 속살 투자 종목을 선정할 때

담보 가상화폐와 가상화폐 시세조작 경영권 분쟁의 예 죽이는 수사와 덮는 수사의 위력 가상화폐 거래소

매 프로그램 봇(BOT)을 활용한 조작

M&A형 주가조작 가상화폐와 다단계 IR 업체를 활용한 주가조작 공매도 세력에 의한 주가조작

'신후' 사건 코스닥 상장사, '씨엘인터내셔널' 주가조작 사건 덮는 방식의 수사 죽이는 방식의 수사

'이티글로벌' 주가조작 사건 애널리스트의 욕망과 자격 회사의 경영권을 고가에 매도하기 위한 주가조작

화폐의 도시(City of the Cryptocurrency) 기업 범죄의 인지 수사와 언론의 탐사 보도 비상장주식의 주권

발행 확인서란? 주식시장의 시각으로 보는 정치인과 정당 벌금이나 추징금의 병과 처벌, 그리고 세무 조사

작 사건의 경우 주식방송들의 폐해 주가조작 종목 예측 프로그램 통일주권 유명 애널리스트와 주식 범죄

M&A와 함께 반드시 수반되는 또 다른 범죄들 파동의 고점 타기 여러분의 수익이 우연이 아닌 필연이 되는 세상

생성과 물락 금감원의 주가조작 심리 분석 프로그램 구조도 국세청으로 통보 박스(Box)형 주가조작

장에서 VC의 역할 회사 내부 비리 사건의 경우 대형 거래소에 등록된 가상화폐

목 차

프롤로그

이 책은 원래 검찰 개혁과 관련된 책 『제보자 X — 죄수와 검사』를 쓰기 이전에 초안을 잡아 가고 있었습니다. 그런데 갑자기 한명숙 총리의 '뇌물 조작 사건'이 《뉴스타파》 보도를 통해 사회에 알려지고 채널A '검언 공작 사건'이 MBC를 통해서 세상 밖으로 드러나고 크게 이슈화되면서 미처 마무리하지 못한 것을 이제야 정리해서 내놓게 되었습니다.

『당신의 수익은 우연입니다』를 책으로 만들게 된 이유 중 하나는 그동안 '특수부 검사들의 영역'으로만 인식해 온 기업 범죄나 주가조작 범죄의 형태와 구조 그리고 수사의 방식에 대해서도 더 많은 시장 참여자가 알게 함으로써 또 다른 방향의 검찰 개혁과 사법 개혁 그리고 자본시장의 개혁에 조금이나마 도움이 되고자 하는 저의 간절함이 있기도 합니다.

자본시장이나 주식시장과 관련된 법령이나 규칙은 다른 어떤 법령이나 규칙보다도 더 자주 변화해 왔고, 지금도 변화하고 있습니다. 자본시장이나 주식시장 대부분을 규제하던 과거의 증권거래법이 자본시장법으로 바뀌었지만 지금도 자본시장법은 지속적인 개정 작업이 이루어지는 것은 물론이고, 형사 재판이나 민사 재판에서도 지금에서야 판례가 축적되고 있습니다.

이런 변화의 과정을 들여다보면 대부분 재벌 기업이나 대자본을 위한 방향으로 그 변화가 이루어져 왔기 때문에 주식시장에 참여하는 소액주주나 일반 투자자들은 부지불식간에 불리한 룰(Rule)의 환경에서 자본시장이나 주식시장에 참여하고 있었던 것입니다. 또한 TV나 신문 등을 통해서 자본시장이나 주식시장 전망에 관련된 기사나 그 안에서 벌어지는 사건·사고에 대해 쏟아지는 보도나 기사들을 보고 있노라면 "자본시장이나 주식시장의 수많은 참여자가 보게 될 보도나 기사를 저렇게 무성의하게, 아무렇게나 써도 되는 것인가?"라는 의문을 심심치 않게 느끼게 됩니다.

특히 기업 범죄에 대한 검찰의 수사 결과에 대해서는 언론 대부분이 검찰에서 던져 주는 '보도 자료'만 아무 비판 없이 일방적으로 기사화하고 있는 것이 현실입니다. 이에 자본시장의 소비자나 언론시장의 소비자들은 일부 언론이 던져 주는 정보를 그대로 받아들이는 것이 일상화되면서 '경제 관련 언론'이라는 것이 불공정한 룰의 운영과 함께 대자본들과 기관 투자자들이 자본시장과 주식시장을 왜곡시키는 또 하나의 도구로 사용되고 있습니다. 따라서 이 책에서는 자본시장이나 주식시장의 법령이나 규칙이 앞으로도 많이 변하게 될 것이지만 그렇게 변하더라도 일반, 개인 투자자들이 자본시장이나 주식시장에 참여하면서 꼭 알고 있어야 할 내용들을 정리한 것입니다.

이 책의 내용 대부분은 제가 자본시장과 주식시장에서 애널리스트, 기업사채업자, 상장회사 CEO, 기업 구조조정 전문가, 그리고 검찰의 금융조사부 수사에 참여했을 때의 경험을 바탕으로 썼습니다.

'자본시장이나 주식시장을 비판적 시각에서 바라보고 주식투자 자체를 비판하는 시각'으로 이 책의 대부분을 구성한 것은 그동안 주식시장에서 크게 비명 한번 질러보지도 못하고 쓰러지고 사라져 간 일반 투자자와 소액주주들을 생각하고 또한 아직도 일반 투자자, 소액주주들에게 불리한 주식시장의 룰이 존재하는 한 마냥 긍정적인 입장에서만 글을 쓸 수 없었기 때문입니다.

그러나 대한민국은 자본주의 룰의 기반 위에서 운영되고 있으며 '자본시장과 주식시장'은 그 틀 안에서 존재할 것이고, 수많은 일반 투자자가 지속해서 자본시장과 주식시장에 참여할 것이기에 자본시장과 주식시장에서 어떤 모순적인 일들이 일상처럼 벌어지고 있는지에 대해서 충분히 숙지하고 참여해야 할 것 같습니다.

저의 책이 마치 참고서 같은 딱딱한 느낌이 들 수 있을 듯하여 중간에 제가 주식시장에서 경험했던 에피소드를 몇 개 삽입했습니다. 자본시장과 주식시장에 참여하고 계시는 일반 투자자 여러분들에게 작은 도움이라도 됐으면 합니다.

고맙습니다.

제보자 X

당신들의 童話, 그 다음

누가 사라졌을까
당신의 마을에서 게릴라처럼 빠져나간
한 사람의 자리가 비었다
밤새 쥐똥나무숲을 흔들던 바람이
빈 빵 봉지 속에 숨어 우는
잠결에 그 울음마저 버린 밤

나는 모른다, 이젠 누가
쓸쓸한 빵의 몸뚱이를 물어뜯을 것인가
마른 피가 부석부석 거리에 떨어지도록
口腔의 신물이 입가에 번지도록
갈릴리 호수보다 진한 死色
파리한 입술에 피를 묻힐 것인가
나는 모른다

밤하늘에 둥실 버려진 빵의 분화구에서
이방인 같은 낯선 웃음이 어색하게
잠을 설치고 간 뒤
쥐똥나무 숲에서 떨어지는 별의 꼬리를 따라
불안한 초침들이 서성인다, 누가
알고 있을 것인가, 당신들의 童話
꿈꾸는 시간을 뚝뚝 분질러 놓고
바람벽 뒤로 사라진 뒤

암담한 허기 한 무리가 밀려온다
하늘 속으로 잠수한 별의 무리가
꼬리를 문다 꼬리를 문다 꼬리를 물고
그 별의 몸뚱아리에 서성이는 금빛 털
감촉이 아름다운, 오 아름다운
쥐똥나무 숲으로 내려앉는 선잠

누가 알고 있을 것이다
당신들 중 누가 환영의 벌판 바람을 가르고 나가
부석부석한 마른 빵의 피를 빨고 돌아와
굵은 허기가 뻐근하도록
口腔의 오르가슴을 입술에 묻히고
금빛 털의 별을 희롱하며
웃고 있을 것이다, 그런 죄가 있을 것이다

당신들 마을에서 사라진 빵 조각 같은
낯빛 하얗게 쥐똥나무 숲에서 걸어나오는 새벽
서둘러 눈뜨는 우리들 중 누가
죽어 있을 것이다, 당신들의 童話처럼.

시인 김이하

1장

무자본 M&A

(#무자본 M&A)　(#주식)　(#경영권)

자세히 보기 >

1.
'무자본 M&A'란
무엇일까요?

첫 번째 이야기를 '무자본 M&A'로 시작하는 이유는 무자본 M&A 자체가 범죄라고 규정할 수는 없지만, 그만큼 무자본 M&A가 전체 주식시장에 끼치는 악영향이 크고 무자본 M&A에서 시작되는 기업 범죄[*]의 규모가 광범위하고 그 유형이 다양하기 때문입니다.

모든 기업 범죄가 무자본 M&A 때문이라고 말할 수는 없지만, 무자본 M&A로 경영권의 양수·양도가 이루어진 회사에서는 "반드시 기업 범죄가 일어난다."라고 말할 수 있습니다.

무자본 M&A는 '차입매수'라고도 하고 'LBO(Leveraged Buy-Out)'라고도 하는데 회사를 인수하는 매수자가 자기자본 없이 회사의 경영권 주식과 경영권을, 즉 해당 회사의 대주주 지분(경영권 지분)을 인수하는 것을 말합니다. 무자본 M&A를 설명하고자 할 때 가장 많이 듣게 되는 질문이 이런 것입니다. "자기자본이 없는데 어떻게 해당 회사의 대주주 지분을 인수할 수 있습니까?"

---

[*] 여기에서는 기업에서 벌어지는 횡령, 배임, 주가조작 등 상장된 회사에서 벌어지는 범죄 행위에 국한해서 설명하기로 합니다.

일반 투자자들 입장에서는 "어떻게 그런 일이 가능할까?"라는 의문을 누구나 갖게 됩니다. 하지만 그런 일이 가능한 이유는 상장회사의 경우, 주식이 환금성(언제든 현금화할 수 있는 가능성)이 있으므로 매각 대상의 회사를 인수하는 것은 얼마든지 가능합니다.

M&A 시장에서는 이러한 무자본 M&A를 도우면서 수익을 얻는 것을 목적으로 기생하는 거대한 자본시장이 존재하기 때문입니다(이러한 자본들에 대해서는 『당신의 수익은 우연입니다 2 – 악의 시드머니 편』에서 따로 다루도록 하겠습니다).

과거에는 명동을 비롯한 기업사채시장에서 무자본 M&A를 주도해 왔으나 지금은 일부 저축은행은 물론이고 사모펀드나 투자조합의 외피를 쓰고 진화하면서 무자본 M&A를 돕거나 주도하면서 막대한 부당이득을 얻고 있는 상황입니다.

무자본 M&A에는 여러 가지 방식이 있으나, M&A 시장에서 일반적으로 행해지는 방법을 우선 다루기로 하겠습니다.

1) 무자본 M&A의 예

전체 발행주식이 100만 주인 A라는 회사가 무자본 M&A의 대상이라고 설정해 보겠습니다. 회사 'A'의 경영권을 가진 대주주 김 회장은 50만 주(50%)를 가지고 있고, 상장 주식시장에서 유통되는 주식이 50만 주(50%)라고 가정해 보겠습니다(유통주식의 대부분 일반 투자자들이 소유하고 있다고 가정).

여기서는 편의상 대주주 지분을 전체 발행주식의 50%라고 가정하고 설명하지만 상장회사 대부분의 지분은 50% 미만이고, 심지어는 5% 정도의 작은 지분만으로 경영권을 행사하는 경우도 많이 있습니다. 이 주식이 현재 형성된 시장 가격이 주당 1만 원이었다고 했을 때, 전체 발행주식의 시가총액은 100억 원이고, M&A 시장에서 'A'라는 회사의 매각 가격은 대주주 지분의 가격 50억 원+경영권 프리미엄* 형식으로 경영권을 양수·양도하는 과정에서 형성됩니다. 그래서 A 회사의 대주주 매각 가격이 50억 원+경영권 프리미엄 30억 원으로 형성됐다고 가정한다면, 대주주 김 회장은 전체 80억 원의 가격에 회사를 매각하는 것이 됩니다.

경영권 프리미엄은 해당 회사의 순자산이나 매출 규모, 성장성 등을 고려해서 정해지는데 상장회사는 이것들과는 별개로 '상장 프리미엄'이 존재하고 상장회사의 경영권 프리미엄에는 상장 프리미엄이 포함됩니다.

예 전체 발행주식 수 100만 주×주당 1만 원

시장 유통주식 수 50만 주(50%)	대주주 김 회장의 경영권 주식 50만 주(50%)

무자본 M&A 세력들은 기본적으로 인수 대상 대주주 주식을 담보로 인수자금의 대부분을 조달합니다. 이럴 때 동원되는 것이 '주식담보대출**'입니다. 무자본 M&A 세력이 30억 원을 준비하고, 주식담보대출로 50억 원을 조달했다고 가정해서 설명하도록 하겠습니다.

자기자금이 전혀 없어도 M&A가 진행되기도 하지만 일반적으로 전체 인수자금의 50% 이상을 외부 차입금으로 회사의 대주주 지분을 인수했을 때 무자본 M&A라고 봅니다. 해당 회사의 경영 상태나 업종 등에 따

---

* 경영권 프리미엄은 해당 회사의 매출액+순이익+부채 규모+대주주 지분 비율 등으로 정해집니다.

** 일반적인 주식담보대출은 은행이나 증권사, 저축은행 등에서 대부분 이루어지고 있고 담보의 비율은 해당 회사의 상태에 따라서 다릅니다.

라서 여러 가지 구조의 주식담보대출이 일어나지만 보통 주식담보대출의 경우는 200%의 담보 비율을 요구하고 있습니다.

과거 명동 등 기업사채시장(기업사채시장의 변화는 별도의 항목으로 다룰 예정입니다)에서는 '무자본 M&A의 대상 주식'은 1:1 담보*나, 때로는 담보로 제공되는 해당 주식의 시장 가격 총액이 인수대금의 담보 가치에 미치지 못하더라도 고리의 이자나 수수료를 받고 대여해 주는 경우도 많이 있습니다. 왜냐하면, 경영권 주식(대주주 지분)은 주식시장에서 형성된 가격 이외에 '경영권 프리미엄'이 포함되어 있기 때문입니다. 하지만 일반적인 무자본 M&A는 무자본 M&A 세력 측(인수자)에서 경영권 프리미엄 정도나 대여금의 이자나 수수료 정도의 자금을 준비해서 진행하는 것이 보통입니다.

자기자금이 전혀 없이 회사를 인수하는 경우도 있는데 이럴 경우에는 무자본 M&A 세력들이 주가를 띄울 수 있는 확실한 주식 매집의 조직력이나 주가조작에 필요한 확실한 재료를 가지고 있을 때인데, 이런 형식의 무자본 M&A는 더 큰 폭의 주가조작이 벌어지기도 합니다. 무자본 M&A 세력들이 회사 인수 자금의 일부를 준비해서 경영권과 대주주 지분을 인수한다고 하더라도 주식담보대출에서 발생하는 이자와 수수료 비용도 만만치 않은 큰 비용입니다. M&A 시장에서 주식담보대출의 경우, 대부분 연리 15% 이상의 금리이고 그 자금의 대출 과정에서도 중개수수료 등의 막대한 비용이 발생하는 게 일반적입니다.

---

* A 기업의 경우, 인수주식의 시가가 50억 원이고 대출 금액이 50억 원이면 1:1 담보라고 합니다.

2.
무자본 M&A은
어떻게 완성될까요?

무자본 M&A는 결국, 경영권과 함께 경영진의 대주주 지분을 담보로 제공하고 타인에게 인수대금을 빌려서 지불하는 형식인데 그렇다면 경영권을 인수하는 무자본 M&A 세력들이 회사 인수를 위해서 차용한 인수대금과 그 비용은 어떤 방법으로 변제할 수 있을까요?

이 지점에서 주가조작, 횡령, 배임 등 갖가지 방법의 기업 범죄가 발생하는 것이고 그렇기 때문에 무자본 M&A는 출발점에서부터 기업 범죄를 잉태하고 있다고밖에 볼 수 없는 것입니다.

1) 무자본 M&A에 수반되는 주가조작

무자본 M&A 세력들이 기업사채업자나 금융기관을 통해서 회사의 인수자금을 조달하면서 담보로 맡기게 되는 대주주 지분은 채권자와 '주식 담보 계약'을 체결할 때, 반대매매 비율(Loss-Cut)이 정해지게 되는데 보

---

* 주식 가격이 일정한 가격 이하로 떨어질 경우, 채권자는 담보 주식을 시장에 매각하여 대여금을 회수하게 되는데 담보의 시장 가치와 대여금의 비율에 따라서 담보 처분 비율을 정하는 것을 말합니다.

통은 담보 비율이 150% 이하일 경우, 채권자는 대여금의 채권 확보를 위해서 담보권을 행사하여 담보로 가지고 있는 주식을 시장에 매각할 권리를 갖게 됩니다. 이렇게 채권자에 의해서 반대매매가 행사될 경우, 회사를 인수하려고 하는 세력들의 입장에서는 M&A 계약에 큰 문제가 발생하게 되는 것이고 경영권 인수 계약 자체가 파기될 수도 있습니다. 그렇기 때문에 무자본 M&A 세력들은 채권자에 의해서 반대매매가 행사되지 않도록 주가를 방어하기 위해서라도 M&A를 구상하고 진행하는 초기 단계에서부터 주가조작 선수들과 합작*합니다. 그리고 이들과 인위적으로 가격을 조작하여 형성하거나 주가를 상승시킬 만한 재료(Pearl)를 미리 준비해서 전체적인 주가조작의 설계를 진행합니다.

다시 예시 기업 A로 돌아가서 설명하면,

시장 유통주식 수 50만 주(50%)	대주주 김 회장의 경영권 주식 50만 주(50%)

무자본 M&A 세력을 '가'라고 하고, 기존의 경영권자를 '김 회장'이라 가정해서 무자본 M&A 세력들이 주가조작을 통해서 인수자금을 회수하는 방법을 예를 들어서 설명해 보겠습니다.

무자본 M&A 세력인 '가'는 기존의 경영권자인 '김 회장'으로부터 대주주 지분을 인수하기로 하는 회사 인수 계약을 체결하게 되면 계약 내용에 대해서 금융감독기관에 새로운 대주주 변경 신고를 해야 하는데 인수하는 전체 경영권 주식 물량을 대주주 변경 신고하게 될 경우, 주가조작으로 주식 가격을 시장에서 인위적으로 상승시켰을 때, 단 몇 주라도 매

---

* 무자본 M&A 세력과 주가조작 세력은 동일하거나 동지적 관계에 있는 것이 일반적입니다.

도하게 된다면 지분이 변경될 때마다 매번 자본시장법상의 '대주주 지분 변경 신고'를 해야 합니다. 이는 시장에 '대주주의 고가 매도'로 알려지게 되고, 주식시장에서는 악재의 시그널로 작용하기 때문에 주가조작이 실패로 돌아갈 가능성이 큽니다. 그렇기 때문에 인수자 '가'는 대주주 지분에 대한 매매 계약을 체결할 때부터 '김 회장의 지분'을 단순 재무적투자자(FI)*로 위장하여 전체 인수 지분 50%를 여러 조각으로 나누어서 대주주 변경 신고를 하게 됩니다.

'가'의 인수 경영권 주식 50만 주(50%)

시장 유통주식 수 50만 주(50%)	FI	FI	FI	FI	FI	FI	가(21%)

위의 예시 표에 나온 것처럼, '가'는 경영권 행사에 필요한 주식을 21%만 남긴 채(꼭 21%가 아니어도 되고 5%만 남기는 경우도 있습니다) 나머지 지분을 5%(여기서는 약 4.9%로 나누어서 설명) 미만으로 나누어서 FI(Financial Investor)들을 공동 지분 인수자로 대주주 변경 신고를 하게 됩니다. 5% 미만으로 신고될 경우, 주가조작으로 주식 가격을 상승시켰을 때 FI로 지분을 쪼갠 주식에 대해서는 고점에서 주식을 매각하더라도 별도의 지분 변동 신고를 하지 않아도 되기 때문입니다. 나누는 지분이 5% 이상일 경우에는 주요 주주로 분류되기 때문에 주가를 끌어올린 이후에 은밀한 매각이 힘들어집니다. 위 표의 경우처럼 5% 미만으로 6개의 명의로 나누어 신고하고 경영권 지분인 '가'의 지분을 21%만 남겼다고 가정했을 경우, 주가조작 세력은 인수 당시의 주당 주가를 1만 원에서 2만 원으로 끌어올린 후 여섯 개로 나눠진 FI의 지분을 아무런 별도의 공시 없이 시장에서 매도했을 때 58억 원가량의 자금을 회수하게 됩니다(29%×2만 원 매도=58억

---

* 경영권 행사와는 무관하게 단순히 시세차익을 목적으로 투자하는 투자자를 말합니다.

원). 그렇게 된다면 대주주 지분 인수 당시 무자본 M&A 세력은 경영권 지분을 담보로 맡기고 차용한 채무금 50억 원(전체 인수 자금 80억 원 중 30억 원은 인수 주체가 마련했다고 가정했을 때)을 모두 변제하고도 8억 원의 수익이 남기 때문에 무자본 M&A는 성공하게 되는 것입니다.

3만 원으로 끌어올렸을 경우 (29%×3만 원 매도=87억 원)
3배로 끌어올렸을 경우, 모든 인수자금을 회수하고도 남는 부당이득을 얻게 됩니다.

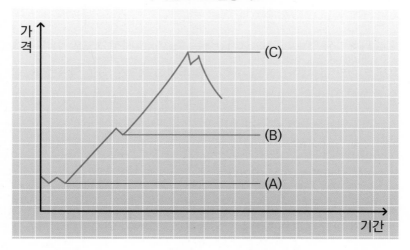

무자본 M&A 설명 차트

- A: 인수 계약 시점 – 주당 시장가는 1만 원 – 100만 주의 시가총액은 100억 원
- B : 반대매매 가능 가격 – 주당 시장가는 1만 5천원-시가총액은 150억원 반대매매 비율 (Loss-Cut) 여기서 설정한 로스컷 비율은 주식 담보 시점을 C지점(2만원대)에서 주식 담보 계약을 했을 때의 로스컷 지점. 보통 인수계약을 하고, 잔금을 치루는 시점(주주총회를 통해서 경영권을 인수하는 시점) 사이에 주식을 미리 띄우는 것이 일반적인 무자본 M&A의 페턴임. 인수계약과 동시에 주식 담보를 제공하는 경우라면 로스컷 비율은 7,500원
- C: 주가조작 수익 실현기 – 주당 시장가는 2만 원 – 시가총액 200억 원

결론적으로 말해서, 무자본 M&A 세력들은 두 가지 이유에서 주가조작을 수행하게 되는데 하나는 주가를 방어해서 채권자에게 담보된 주식의 반대매매를 막아야 하고 또 다른 하나는 주가조작의 부당이득금을 이용해 대주주 지분 인수대금으로 차용한 금액을 채권자에게 변제해야 하기 때문입니다.

　무자본 M&A 세력들의 이러한 주가조작 패턴이 반복되면서 시장에서는 엉뚱하게도 'M&A 테마주'가 형성되고, 이러한 'M&A 테마주'는 이제 주식시장에서 일반적인 투자 방식으로 자리를 잡았다고 해도 과언이 아닙니다. 따라서 어떤 회사가 자본시장에 M&A 대상 경영권 매각 물건으로 나왔다는 정보 자체가 단기간에는 중요한 호재성 정보일 수밖에 없으며 이러한 정보들은 일반 소액주주들로서는 대주주 지분 매각 발표 기사나 공시 이전에는 접할 수 없는 정보이기도 합니다. 따라서 자본시장에 M&A 대상으로 어떤 기업이 매물로 나왔다는 정보에 쉽게 접근할 수 있는 기업사채업자나, 무자본 M&A 세력 등이 이러한 정보를 이용하여 부당이득을 취할 수 있는 것입니다.

　M&A의 대상이 되는 회사들은 일반적으로 회사와 관계있는 회계법인이나 증권사를 통해서 M&A 시장에 출회되기도 하지만 기업사채를 주업으로 하는 자금주 쪽을 통해서 매각 물건으로 출회되기도 합니다.
　하지만 일반적으로 M&A에 필요한 자금이나 M&A 시장의 네트워크를 가지고 있는 기업이나 개인이 많지 않기 때문에 무자본 M&A 세력들에게 노출되어 타깃이 되는 것입니다.

2) 무자본 M&A 세력들이 선호하는 회사들

무자본 M&A 세력들이 선호하는 회사들은 주로 창업주가 계속 경영해 온 회사들입니다. 이런 회사들의 경우, 대부분 대주주의 지분율이 높고(즉, FI를 여러 조각으로 나누어 주가조작을 통한 단기간의 수익을 낼 수 있는 폭이 넓고) 회사 재무, 회계 장부의 유지 상태 역시 창업자가 보수적으로 관리해 온 것이 일반적이라 돌발 채무나 분식회계가 적기 때문이기도 합니다.

시장에서 보통 '손을 타지 않은 종목'으로 불리는 이런 회사들은 주가조작 선수들의 손을 타지 않았다는 표현이기도 합니다. 이러한 '손을 타지 않은 종목'을 선호하는 이유는 대부분 발행주식 수의 규모가 작아 주가 관리가 비교적 쉬워서 주가조작에 필요한 수급 비용(작전 비용)이 비교적 적게 들기도 하지만, 경영권을 인수한 후 추가로 증자 등을 통한 신규 자금 조달이 쉽기 때문입니다.

3.
무자본 M&A와 함께
반드시 수반되는 또 다른 범죄들

무자본 M&A와 함께 반드시 수반되는 것이 주가조작이라면 무자본 M&A의 테마를 이용한 주가조작에 수반되는 것은 '횡령, 배임'입니다.

주가조작에는 상당한 비용이 들어가게 되는데 회사의 인수자금도 없이 경영권을 인수한 무자본 M&A 세력들이 그 막대한 주가조작 비용을 어디에서 조달할 수 있을까요?

주가조작에 필요한 자금은 작전하는 주가조작 선수들에게 현금으로 지급하기도 하지만 주가조작 비용을 충당하기 위해서 무자본 M&A 세력은 주가조작 세력들에게 우선 '매각할 FI 지분에 대한 부당이득'을 나누기로 하는 밀약을 하고 주가조작을 진행하는 경우도 있습니다. 또한, 무자본 M&A 세력들이 주주총회에서 새 이사진들을 선임하고 경영권을 장악한 후에 따라붙는 것이 일반적으로 '타 법인 주식 취득 공시'나 신규 사업 진행에 따른 '자회사 설립' 등으로 호재성 공시를 표방하면서 회사의 자금이 외부로 유출되는 경우가 있는데 이럴 경우 대부분은 인수자금을 변제하기 위한 목적이거나 주가조작 비용을 충당하기 위한 경우가 많습니다. 하지만 이러한 신규 사업 진출이나 타 법인 주식 취득의 경우, 검증되지 않은 사업이거나 부실한 사업인 경우가 대부분이고 더군다나 이러한 공시들이 주가의 고점에서 쏟아져 나온다고 한다면 그것은 이미 무자본 M&A 세력의 주가조작으로 '이익 실현기'에 접어들었다고 봐도 무방합니다.

　무자본 M&A를 진행하기 위해서 담보로 맡기는 주식의 시장 가치에 비해서 전체 인수대금 규모의 차이가 많을 경우, 무자본 M&A 세력들은 주주총회에서 경영권을 확보한 후 회사의 현금성 자산이나 부동산 등을 채권자에게 이면 담보로 제공하기도 하면서 횡령과 배임 등 기업 범죄를 일으키게 됩니다. 또 다른 횡령, 배임의 방법은 무자본 M&A 세력들이 회계상 범죄를 드러내지 않기 위해 회사의 예금에서 양도성 예금증서(CD)를 발행한 후, 현물로 기업사채업자들에게 맡기거나 전자 표지어음을 발행하여 현물로 맡기기도 합니다.

　부동산인 경우에는 근저당 설정에 필요한 서류 일체를 제공하고(단, 회계상 분식의 흔적을 남기지 않기 위해서 상호 협의해서 근저당 설정은 하지 않는 것이 보통입니다) 변제할 때까지 기업사채업자들이 이것을 보관하기도 합니다.
　극단적인 경우에는 기업사채업자가 섭외한 특정 은행의 특정 지점에 회사 예금 인출에 필요한 모든 은행 서류에 날인(捺印)하여 제출, 보관하게 하도록 하는 경우도 있습니다.
　또한, 단순하게 회사의 예금에서 거액의 수표를 인출해서 채권 확보용으로 기업사채업자가 보관하도록 하는데 이때 대부분은 회사에서 외부 감사인의 회계감사가 진행될 경우 현물을 회사로 가져와 회계사들에게 현물을 확인시키고 난 후 다시 기업사채업자가 가져가는 방법으로 회사는 회계감사를 통과하기도 합니다.

기업사채업자가 무자본 M&A 세력에게 회사의 인수자금을 제공하는 경우, 대부분 담보 비율이 부족한 경우가 많아서 기업사채업자들은 법정 이자나 수수료 이외에도 더 많은 금액을 요구하는 것이 무자본 M&A 시장의 일반적인 룰이고 많은 경우에는 전체 대여 금액의 10~20%에 달하는 비용을 요구하기도 하며 주가조작이 진행될 때 고점에서 우선 매도할 수 있는 권리로 이익을 대신 충당하기도 합니다.

무자본 M&A 세력들은 이러한 고비용에도 불구하고 주식이 단 하루만 상한가로 간다면 간단히 30%의 수익을 보게 되는 것이고 그렇게 되면 모든 비용을 주가조작의 부당이득으로 충당할 수 있다고 판단하기 때문에 이러한 무자본 M&A 자금시장은 현재까지도 성행하고 있는 것입니다.

4.
무자본 M&A 종목에 대한
관리의 필요성

직설적으로 표현하자면 주가조작을 통해서 얻어지는 부당이득금으로 전혀 자기자본 없이도 얼마든지 상장회사를 인수할 수 있습니다. 즉, 무자본 M&A 세력들에게 인수자금을 제공하는 것은 결과적으로 주식시장에 참여하는 일반 투자자들이고 그것은 고스란히 일반 투자자들이 피해를 입을 수밖에 없는 구조입니다.

주식시장에는 투자 주의 환기 종목과 관리 종목에 대한 규정이 있어서 투자 위험군의 종목들을 나름대로 따로 관리하고는 있습니다. 그리고 최근에는 회사의 인수자금에 대해서 출처를 밝히는 공시 규정도 생겼습니다. 하지만 무자본 M&A를 통해서 경영권이 양수, 양도되는 종목들 대부분은 경영권 분쟁에 휩싸이거나 주가조작, 횡령, 배임 등의 문제로 인하여 상장폐지로 가는 것이 일반적인 코스이고 이 과정과 결과에 대한 피해는 대부분 정보에 어두운 소액 투자자들에게 돌아가게 마련입니다.

무자본 M&A 세력들은 인수자금의 출처를 감추고 마치 자기자금으로 인수하는 것처럼 공시를 하거나 '차입매수'로 금융감독당국에 신고를 하는 경우에도 처음부터 작정하고 2중, 3중의 페이퍼 컴퍼니나 차명 법인 또는 투자조합이나 사모펀드의 모양을 갖추고 진행하기 때문에 일반 주주들이 공시만 가지고 인수 주체나 자금의 실체를 파악하기란 거의 불가능합니다.

금융감독당국에서 무자본 M&A에 대한 폐해를 줄일 목적으로 회사의 인수 주체에 대한 감시와 감독 기능을 강화하고는 있으나 최근에는 인수 주체를 일반 법인이 아닌 투자조합이나 사모펀드로 위장할 경우 법인 등기부 열람에 제약이 따르고 법인 등기부 등본을 열람하더라도 투자조합의 대표자나 펀드 운영자 정도만 표시되기 때문에 그 실체를 정확히 파악하기란 매우 어렵습니다. 따라서 무자본 M&A에 대한 일반 주주들의 피해를 예방하거나 줄이는 차원에서라도 인수자금의 일정 부분이 외부 차입금으로 감독기관에 보고되고, 공시되는 무자본 M&A 형태를 띠게 되는 상장회사에 대해서는 해당 종목들을 투자주의 환기 종목에 준하는 별도의 시장 관리가 필요해 보입니다. 그리고 인수자금의 출처를 부정확하게 보고하고 공시하는 당사자들에게는 강력한 처벌이 이루어져야 합니다.

이것이 주식시장에서 벌어지는 범죄들의 근본적인 처방은 아니라는 것도 알고 있습니다. 하지만 주식시장의 **악의 시드머니**(Seed Money)는 늘 규제와 처벌을 벗어나는 방법을 찾아 진화하기 때문에 금융감독당국이 지금처럼 방관만 해서는 안 될 것으로 생각합니다.

연예인과 주식시장

주식시장에서는 이따금 유명 연예인과 관련된 기사들이 등장하게 됩니다. 어떤 유명 연예인이 주식시장에서 대박을 터뜨렸다거나 어느 회사의 대주주가 됐다는 소식에서부터 일부 연예인이 주식투자에서 큰 손실을 보게 된 일이나 주가조작에 개입했다는 소식까지 다양한 경로로 많은 유명 연예인이 주식시장의 기사를 통해서 등장하고는 합니다.

'서태지와 아이들'은 한때, '대중문화' 그 자체였습니다. 서태지와 아이들의 멤버 중 리더 격인 서태지는 그 자체가 핵심적인 콘텐츠이자 상품이었으므로 탄탄한 자기 관리를 하면서 지냈고, 양현석은 'YG엔터테인먼트'라는 직원이 350명에 이르는 탄탄한 코스닥 상장회사를 이끌면서 성공한 사업가로 완벽하게 변신했습니다. 하지만 'A' 멤버는 주식시장의 사건, 사고에 자주 등장하면서 서태지와 아이들의 멤버 중에서 아직까지 '성공하지 못한 인물'로 평가받고 있습니다.

A 씨는 한때 수백억 원에 이르는 전 재산을 여러 사업의 실패 등으로 탕진한나머지 빚을 감당하지 못하자 법원으로부터 파산 선고를 받기도 했으며, 지인들과 관련된 금전 문제를 해결하지 못하여 사기 혐의로 법원으로부터 실형을 선고받기도 했습니다. 주식시장의 주가조작 세력들도 A 씨에게 접근하여 사업 계획을 주가조작의 재료로 사용하려는 과정에서 A 씨는 주식시장의 정보에도 자주 등장하고는 했습니다.

주식시장에는 유명 여자 연예인도 자주 등장합니다. 주식시장의 선수들이 유명 여자 연예인들과 결혼하고 다시 이혼한다는 기사들을 자주 목격하게 되는데, 그 과정에서 결국 최종적으로 피폐해지는 쪽은 대부분 여자 연예인이었습니다.

주식시장의 선수들과 인연이 되어서 결혼에 이르는 여자 연예인의 결말은 주식시장의 선수들이 벌인 기업 범죄에 대한 비난과 그들이 연대보증 등으로 떠넘긴 빚을 감당해 내야 하는 고통뿐이었습니다. 주식시장의 선수가 여자 연예인에게 접근하거나 호감을 얻는 과정에서 벌어지는 에피소드 하나를 소개해 보자면 이런 것이 있습니다.

여러 회사의 주가조작 등으로 꽤 유명한 주식시장의 '선수 C'는 자신의 지인을 통해서 소개받은 유명 영화배우 N에게 접근하여 서로가 'Some' 관계까지 이르렀습니다. 선수 C가 애초부터 여배우 N에게 접근한 이유는 N과 공개적인 결혼을 이용하여 언론의 주목을 받음으로써 주식시장에서 자신의 인지도와 신용도를 높이기 위한 것이었습니다.

선수 C는 계획하고 있던 어느 날, 우연을 가장하여 여배우 N과 강남의 유명 백화점에서 만나게 됩니다. 그리고는 여배우 N과 백화점 내부에 있는 보석상으로 가서는 애써 '작고 소박한 선물'을 내세우면서 보석상 주인과 미리 협의한 반지 하나를 선물하게 됩니다. 선수 C는 반지를 건네면서 "나중에 더 성공하면 좋은 것으로 선물하겠다."라는 말을 했다고 합니다. 여배우 N은 '작고 소박한 선물'이라는 말에 특별한 부담 없이 반지를 받았습니다. 그리고 얼마간 시간이 흐른 후, 여배우 N은 우연히 다른 금은방에 들렀을 때 선수 C에게 받은 반지에 대한 감정을 의뢰하게 됩니다. 여배우 N이 건넨 반지를 받아 들여다본 금은방 주인은 손을 떨었다고 합니다. 그 반지의 가격은 당시 5억 원을 훨씬 넘는 값비싼 반지였다고 합니다. 그 후 선수 C와 여배우 N은 결혼에까지 이르게 됐습니다. 하지만 선수 C의 실체를 알아챈 여배우 N은 얼마 지나지 않아 이혼하게 되었고, 현재 선수 C는 10여 개의 상장회사를 문 닫게 하고 수천억 원의 횡령, 배임 혐의와 주가조작 등 10여 개의 범죄 혐의로 A급 수배 중인데 검찰에서는 2계급 특진 포상이 걸린 인물로 알려져 있습니다.

선수 C는 지금도 중국 국적이나 모나코 국적의 위조 여권으로 국내를 출입하고 있다고 알려져 있으나 현재까지도 변호사 등 대리인들을 내세워 국내의 상장회사를 경영하고 있는 것으로도 알려져 있습니다.

2장

악의 시드머니
(Seed Money)

#기업사채시장   #기업사채업자   #담보

자세히 보기 >

악의 시드머니(Seed Money)란 무엇일까요?

주식시장에서 수많은 기업 범죄를 잉태하고 출발하는 '무자본 M&A'를 도우면서 막대한 부당이득을 챙기는 자본들, 이런 자본들을 일반 투자자들(소액주주) 입장에서는 '악의 시드머니(Seed Money)'라고 말할 수 있습니다.

과거 명동 기업사채업자들의 영업 방식은, 회사의 약속어음이나 당좌수표를 할인해 주면서 수익을 챙기거나 회사의 자본금 증자 과정에서 가장납입*을 해 주면서 이자와 중개 수수료 수익을 챙기는 것이 보통이었습니다. 그러나 코스닥 버블(Bubble, 거품)과 함께 기업사채시장도 진화했습니다.

명동이나 강남의 기업사채 사무실은 그리 화려하지도 않고 규모가 크지도 않습니다. 보통 10평에서 20평 정도밖에 안 되는 작은 사무실에서 수백억 원의 자금이 거래되는 것이 일상적입니다.

상장회사를 대상으로 기업사채 영업을 하는 경우에는, 일반적인 부동산 사채 거래와는 달리 주식시장에서 벌어지는 많은 변수와 불확실성이 존재하기 때문에 채권의 리스크(Risk) 관리가 어려워 명동이나 강남의 사채시장에서도 많은 기업사채업자들은 쉽게 접근하지 못했던 사채업의 영역이었습니다.

---

* 가령 회사 자본금이 1억 원인 회사의 자본금을 10억 원으로 늘릴 경우, 기업사채업자는 9억 원의 자금을 회사의 자본금 계좌에 넣어 주고 자본금이 10억 원으로 등기가 완료되면 9억 원의 자금을 다시 돌려받으면서 이자와 수수료 수익을 챙기는 것을 말합니다.

과거 조직폭력배는 상장시장의 어려운 구조 때문에 전면에 나설 수 있는 상황은 아니었지만 최근에는 그동안 많은 경험을 쌓고 경험이 있는 주변 참모들을 활용해서 기업사채시장에 뛰어들고 있는데, 이들은 인터넷 도박이나 부동산 시행 사업으로 축적한 자본과 주변 스폰서들의 자금을 활용하여 자금원으로 사용하기도 합니다.

 자금의 운용 라인을 대강 구분하자면, 부산이나 경남 쪽 조직폭력배의 자금은 주로 무자본 M&A에 관련되어 움직이면서 직접 상장기업을 인수하는 쪽으로 흐르고, 호남 쪽 조직폭력배의 자금은 주가조작의 기초 자금 쪽으로 흐르는 경향이 있습니다. 때로 이들은 프로젝트별로 합종연횡하기도 합니다.

 또한 최근에 주식시장으로 유입되는 자금으로는 유사수신 업체들과 금융 다단계 업체들의 자금이 있습니다. 이들은 주로 '비상장주식'에서 많이 움직이고 있지만, 때로는 상장회사의 주가조작에도 이들의 자금이 동원되기도 합니다.

1.
기업사채시장의
큰손들

현재는 엔터테인먼트 업계의 큰손이 된 A 씨(어머니 때부터 명동의 사채업에 있었습니다), 현재 4~5개의 코스닥 업체를 거느린 B 회장, 명문대 통계학과 출신의 C 씨, 연예인 로드 매니저 출신으로 얼마 전까지 코스닥 상장업체의 오너였던 D 씨, 신사동에 사무실을 두고 움직였던 E 회장 형제 정도가 과거 기업사채업자 겸 전주(錢主) 역할을 했습니다.

이러한 기업 사채업자들의 주변으로 수억 원에서 수십억 원가량을 가지고 움직이는 '사모님 부대'를 비롯한 전주들 수십 명이 함께 움직이고 있었고, 각 기업사채업자들 아래로는 일거리를 조달하는 브로커들이 몇 명에서 몇십 명 정도 있을 뿐이었습니다. 하지만 최근에는 기존 기업사채업자 대부분은 외형적으로 기업가로 변신했거나 때로는 금융인으로 변신한 U 씨 정도가 있고, 새로운 기업사채 자금으로 조직폭력배의 자금이 유입되기도 했습니다.

여기에 추가로 가세한 자금들이 유사수신이나 금융 다단계 업체들의 자금들인데 이 부분은 나중에 '주가조작' 편에서 좀 더 자세히 다루도록 하겠습니다.

1) 엔터테인먼트 업계의 큰손이 되어 버린 A 씨

몇 년 전 '홈캐스트 사건'으로 입건되어 재판을 받으면서 언론에 자주 오르내렸는데, A 씨는 명동에서 잔뼈가 굵은 사람으로 어머니도 명동에서 활발하게 활동하던 전주(錢主)였습니다. 대상 기업의 구조를 파악하는 데 뛰어났고, 채권 회수의 구조가 조금이라도 맞지 않을 때는 절대 베팅 (Betting)을 하지 않는 특징이 있습니다.

과거에는 비상장이었던 게임주를 선매수하여 큰 수익을 보기도 하였고, 엔터테인먼트 회사들이 상장하면서 테마주를 이룰 당시 비상장이었던 주식들의 상장 차익으로 큰 부를 이루었습니다.

이후에도 씨엘 등 주가조작으로 문제가 됐던 몇몇 회사들의 전환사채를 본인과 가족의 이름으로 인수한 후, 그 전환사채를 주식으로 전환하면서 큰 차액을 거두기도 하였으나 수사 선상에서는 늘 빠져나가곤 하다가 '홈 캐스트 사건'에 연루되어 불구속 상태에서 재판을 받게 되는 기소 테이프를 끊었습니다.

2) B 회장

현재 4~5개의 상장회사를 거느린 거물이지만, 과거에는 채권의 독촉과 회수 과정이 지독하기로 소문난 기업사채 전문 업자였습니다. 그에게 자금을 차용한 후 채무를 변제하지 못한 어느 채무자는 상장회사를 B 회장에게 빼앗겼는데, 이 사건은 주식시장에서 유명한 이야기입니다.

서울남부지방검찰청의 금조부에서도 B 회장과 관련된 회사들에 대해서 몇 번이고 내사가 진행되기도 했지만 결국 수사로 이어지지는 않았습니다.

금조부에서 B 회장의 내사와 관련한 회의를 진행한 다음 날이면 어김 없이 B 회장이 서울남부지방검찰청의 검사실을 누비고 다녔고, 그 후로는 내사가 흐지부지되어 버리는 일이 몇 번 반복되기도 했습니다.

B 회장은 《스포츠서울》 주가조작 사건에도 등장하지만 기소되지는 않았습니다. 특히 B 회장은 고위직 특수부 검사 출신의 전관들과 호형호제 (呼兄呼弟)하는 것으로 유명하고, 당대 최고 권력의 검사들과는 늘 친분을 쌓는다고 알려져 있습니다. 이 B 회장은 많은 탐사 보도 기자들이 지금도 뒤를 쫓고 있으며, 또한 B 회장은 거대 언론사 2세들과 지금도 자금 거래를 하는 것으로 알려져 있습니다.

3) 명문대 통계학과 출신의 C 씨

한때 명동에서는 가장 많은 기업사채 일거리로 꽤 큰 자금을 운용하기도 했었는데, 드라마 《쩐의 전쟁》을 보고 있자면 C의 이야기를 그대로 옮겨 놓은 듯합니다.

C 씨는 명문대 통계학과 출신으로 상황 판단이 빨랐고, 그만큼 업무 결정도 빨랐습니다. 수십 개의 코스닥 회사와 거래를 하면서 한때는 대여금에 대한 이자나 중개 수수료로 매월 수십억 원의 수익을 거두어 명동 기업사채업자 중에서 최고 수익률을 올리기도 했습니다. C 씨와 관련한 어떤 창업투자회사의 경영권 분쟁 과정에서 조직폭력배 간에 대낮 살인

사건이 발생하였고, C 씨는 그 과정에서 보복이 두려워 스스로 검찰을 찾아가 자수하여 구속되는 방식으로 보복을 피했던 것으로 유명합니다. C 씨를 몰락시킨 것은 카지노 도박이었습니다. 수백억 원에 달하는 자신의 운용 자금은 물론이고 자신의 사채 사무실에서 운용(運用)하던 자금주들의 돈 수백억 원도 함께 카지노에 쏟아부어 버리고는 기업사채시장에서 퇴출당하였습니다.

 C 씨의 몰락으로 그와 함께 움직이던 '사모님 부대' 중에서 C 씨가 있던 명동 유네스코 빌딩에서 투신하여 자살하는 사람도 있었을 만큼 명동 사채시장에서는 C 씨의 몰락에 대한 여파가 한동안 컸습니다.

4) 연예인 로드 매니저 출신 D 씨

 D 씨 역시 얼마 전까지 코스닥 상장업체 오너로 변신하기도 했습니다. D 씨 또한 《스포츠서울》 주가조작 사건에도 개입하였고, 그 과정에서 막대한 수익을 얻었지만 4번이나 검찰 조사만 받고 기소되지는 않았습니다. 《스포츠서울》의 주가조작 사건은, 주식의 수가 1억 주에 육박하는 대형 주식이었기에 여러 팀의 주가조작 세력이 개입한 사건입니다.

 D 씨는 《스포츠서울》 주가조작 사건으로 기소되지는 않았지만, 그 사건의 재판부는 판결문에서 D 씨를 공범으로 적시했으므로 공수처가 활발하게 움직인다면 이 사건은 다시 세상에 드러날 수 있을 것이라고 생각합니다. D 씨는 한때 무기 로비스트 린다 김과 같이 움직이기도 했습니다.

5) 신사동에서 기업형 사채업체를 운영했던 E 회장 형제들과 상상인 유준원

리먼브라더스 사태 이전까지는 기업사채시장에서 가장 많은 자금을 움직였던 사람입니다. 주로 형인 E 회장이 주도했고, 킴스브릿지 등 당시 여러 개의 유명한 구조조정 회사가 E 회장과 함께 움직였습니다.

E 회장에게 리먼브라더스 사태는 재앙이었습니다. 담보로 보유하고 있던 상장회사 주식들이 폭락하고, E 회장이 채권을 확보하고 있던 코스닥 회사들은 줄줄이 상장폐지되면서 수천억 원의 자금들이 사라졌습니다. E 회장의 몰락은 기업사채시장의 종착역이었습니다. 이러한 기업사채시장이 몰락하는 틈을 이용하여 기업사채 영업 방식을 저축은행이라는 제도권 금융으로 끌어들인 사람이 《뉴스타파》 보도로 유명해진 상상인그룹의 유준원 회장입니다.

상장 주식시장을 대상으로 하는 기업사채 초창기에는 정해진 이자나 수수료율이 없었습니다. 해당 주식의 자산이나 경영 상태에 따라서 기업 오너의 상황이나 입장 그리고 전주나 브로커의 개인적인 친분에 따라서 기업사채의 이자나 수수료는 천차만별이었고 그 방식도 다양했습니다.
또한 그때까지만 하더라도, 아니 정확히 말해서는 2008년 리먼브라더스 사태 이전까지만 하더라도 기업사채업자들에 대한 검찰의 처벌은 없거나 아주 미미했습니다.

리먼브라더스 사태가 벌어지고 수많은 상장기업이 상장폐지되는 상황이 발생하면서 검찰은 상장폐지 배후에 전문 기업사채업자들이 있었다고 판단하고, 주가조작이나 무자본 M&A 세력들과 함께 기업사채업자들을 처벌하기 시작했던 것입니다.

지금도 주식시장 주변으로는 우후죽순(雨後竹筍)처럼 일확천금의 부당이득을 쫓아서 새로 등장하는 기업사채업자나 브로커들이 끊임없이 몰려들고 있습니다.

2.
기업사채업자들의
영업 방식

과거부터 전통적으로 기업사채업자들이 주식시장에서 해 오던 영업 방식은 무자본 M&A 세력들에게 자금을 제공하는 것, 상장회사의 증자에 참여하는 것, 상장주식을 담보로 자금을 대출하는 것과 함께 연말의 회계감사 시즌에는 회사의 빈 자금을 채우기 위해 12월 말일 기준으로 회사 계좌에 넣었다가 1월 1일(또는 은행 영업 시작일)에 찾아오는 잔고 증명 작업(일명 찍기)이 있었습니다.

그때 대부분의 자금은 회사의 연대보증과 함께 대표이사나 이사 등의 개인 보증을 함께 받고 집행했는데, 기업사채업자들이 저지른 이러한 행위들이 대부분 횡령 또는 배임이거나 그 범죄의 공범인데도 기업사채업자들은 처벌을 받지 않거나 처벌을 받는다 하더라도 벌금이나 과태료 수준이었습니다. 그러므로 초창기 기업사채시장에는 전관 법조인들이 주식시장과 자본시장에 적극적으로 개입하기에는 조금 이른 시기이기도 했습니다.

현재는 기업사채업자들도 문제가 되는 회사들과 범죄 연관성이 밝혀지는 경우 자본시장법의 공범이나 횡령, 배임의 공범으로 대부분 처벌을 받는 추세입니다. 그러므로 검사 출신 고위직 전관 법조인들의 전관 비리와 자본시장의 유착이 만연하게 된 시기이기도 합니다.

 자본시장에서 벌어지는 범죄는 대부분 특수부나 금조부 등 인지 부서의 수사 대상이고, 자본시장이야말로 전관 법조시장의 입장에서는 놓칠 수 없는 거대한 수익원이기 때문에 웬만한 규모의 기업사채업자들은 모두 전관 법조 카르텔과 끈끈한 네트워크가 있다고 보면 됩니다. 그러면 이런 기업사채업자들의 중요한 영업 방식을 하나씩 알아보겠습니다.

1) 일명 '찍기'

 '찍기'라는 것은 "돈을 계좌에 찍었다가 바로 뺀다."라는 뜻입니다.
 이 방식은 보통 연말 회계 기준에 맞춰서 회사의 자금이 비어 있는 부분을 12월 말에 회사 계좌에 찍어 주고, 1월 첫 은행 영업일에 회수하는 방식입니다. 찍기가 이루어지면 회사는 12월 말 기준의 회사 계좌 잔고 증명서를 외부 회계감사인에게 제출하여 회계감사를 무사히 넘기게 되는 것입니다.

● 가장 납입 찍기: 이것은 회사가 자본금 확충을 위해서 증자*를 진행할 때, 정상적으로 투자를 유치하여 증자를 진행하는 것이 아니라 사채 자금으로 회사의 계좌에 입금한 후에 법무사를 통해서 자본금의 증자 등기를 마치면 바로 출금하여 다시 사채업자에게 지급하고 주식의 수만 늘리는 방법으로 그야말로 자본금을 "가짜로 납입한다."라는 것입니다.

---

 * 증자되는 금액만큼의 주식을 발행하게 됩니다.

이런 방식의 '가장 납입 찍기'는 일반적으로 비상장회사에서 많이 벌어지지만 일부 상장회사에서도 일어나고는 합니다.

상장회사에서는 '가장 납입 찍기'가 발생하고 나서 기업사채업자에게 돈을 되돌려줄 때 회계상의 분식회계(粉飾 會計)가 이뤄지는데 분식회계 방법으로는 자회사의 대여금이나 출자금 형식으로 처리하거나 다른 법인의 지분을 기존의 가치보다 높은 가격에 인수하는 방식, 거래하는 법무법인에 법률 컨설팅 비용으로 지급하고 일부를 되돌려받는 방식 등 그 수법은 다양합니다. 보통 이런 '찍기' 방식의 기업사채 활용 비용은 1억 원당 30만 원에서 50만 원의 수수료를 받는데, 중간에 브로커가 끼게 되면 수수료는 더 상승합니다.

2) 일명 '꺾기'

'꺾기'란 과거 은행권에서 주로 사용하던 용어로 은행에서 대출이 이루어지면 일정 금액을 다시 은행에 '정기예금, 적금'으로 유도하여 예치하는 은행들의 잘못된 영업 방식을 일컫는 말이었는데 기업사채시장에서도 똑같이 활용되었습니다. 예를 들어 A라는 코스닥 업체에 100억 원의 제3자 배정 유상증자(새 주식을 발행하는 것)를 통해 기업사채업자가 자금을 집행하거나 해당 회사의 전환사채에 기업사채업자가 100억 원의 자금을 집행할 경우 주가 변동에 대한 리스크를 보완하기 위해서 기업사채업

---

* 회사의 경영진이 회사 자금을 운용할 때, 비정상적인 자금 운용 방법으로 재무 자료를 허위로 기재하는 불법 행위를 말합니다.

자에게 그들이 투자한 금액의 50%가량에 맞춰 비공식 예금 담보를 제공하거나 양도성 예금증서, 표지어음 등을 담보로 제공하는 방식입니다.

기업사채업자는 회사에서 발행된 주식이 모두 주식시장에서 매각되어 원금과 이자 등이 회수되면 이면 담보를 회사 쪽에 돌려주고, 주식시장에 매각하지 않을 때는 유상증자 물량을 다시 '주식담보 형식'의 대여로 전환하기도 합니다. 기업사채업자가 개입한 제3자 배정* 유상증자일 때는 증자 대상자들의 명단을 사채업자 쪽에서 제공하여 신규로 발행되는 주식을 담보 형태로 통제하게 됩니다.

3) 주식담보대출

여기서 얘기하는 주식담보는 일반인이나 대주주가 일시적인 자금 필요에 따라서 제1금융권이나 증권사에서 진행하는 정상적인 주식담보의 경우는 제외하도록 하겠습니다.

기업사채의 주식담보 방식은 앞의 '무자본 M&A' 편에서 설명한 것 외에도 일반적으로 가장 많이 이루어지는 기업사채 영업 방식입니다. 이율과 수수료는 주식담보 계약이 이루어지는 방식이나 과정에 따라서, 또는 해당 주식의 신용도에 따라서 천차만별이나 주로 무자본 M&A 과정이나 주가조작의 비용을 조달하는 과정에서 많이 이루어집니다.

> * 상장회사의 증자는 보통 기본 주주들을 대상으로 하는 '주주 배정 유상증자'와 주주와 일반 투자자를 구분하지 않는 '일반 배정 유상증자', 특정한 인물을 대상으로 하는 '제3자 배정 유상증자'가 있습니다.

주가조작 세력들은 지속하여 인위적인 주식 가격을 상승시키기 위한 비용을 마련하기 위해서 시장에서 매집한 주식을 담보로 제공하고, 추가 사채자금을 대여받아 다시 시장에서 그 주식을 매집하기 위하여 주식담보 계약을 진행하기도 합니다. 주식담보를 할 때 기업사채업자들은 일반적으로 대여금 대비 시장 가격의 200%를 주식담보로 확보합니다. 예를 든다면, 100억 원을 주식담보로 차용할 경우, 거래되는 주식의 시장가로 200억 원어치의 주식을 담보로 제공하는 것입니다. 이 부분은 무자본 M&A 편의 반대매매(Ross-Cut)를 참고하면 될 것입니다.

주식담보 과정에서 일부 기업사채업자들은 또 다른 불법 행위들을 빈번하게 벌이기도 합니다.

● 담보한 주식을 불법 매각하여 부당이득을 챙기는 업자들

이런 일은 최근까지도 자주 벌어졌는데 예를 들어서 주식을 담보하고 계약서를 작성할 때 채권을 확보하기 위한 반대매매 기준(로스-컷 비율)을 정하게 되는데 일반적으로 150%의 비율로 정해집니다(예: 해당 주식이 시가 2만 원이었을 때, 주식담보대출이 일어난다면 그 주가가 1만 5천 원까지 하락했을 경우 채권자는 주식을 매각하여 대여금을 회수하는 방식).

주식담보 계약이 체결된 후 악덕 기업사채업자는 자신과 네트워크가 있는 증권사와 결탁하여 증권사로 하여금 '공매도 방식'*으로 그 종목의 주식을 매각하여 주가를 떨어뜨리고, 그 주식의 하락 폭이 기업사채업

* 주식을 차용하여 매각하고 이후 주가가 하락하면 장내에서 매수하여 선매도한 주식을 채워 놓음으로써 하락 폭만큼 수익을 챙기게 되는 매매 방식입니다.

자의 주식담보 계약서상 반대매매 비율만큼 떨어지게 되면, 현물 주식을 담보로 가지고 있던 기업사채업자가 자신의 담보물을 '계약상 반대매매 기준의 조항'을 빌미로 매각하여 추가로 하락 폭을 키우게 됩니다.

이때 기업사채업자와 결탁한 증권사는 공매도한 주식 수만큼 저가에 매입하여 앞서 공매도한 주식 수를 채워서 하락 폭만큼 발생한 수익을 기업사채업자와 분배하는 방식으로 부당이득을 취하게 되는 것입니다.

이 부분은 '공매도 세력에 의한 주가조작' 편에서 다시 한번 자세히 설명하도록 하겠습니다. 이 과정에서 정보에 어두운 소액주주들은 아무런 영문도 모르고 하락한 주가 때문에 막대한 피해를 입게 되는 것은 물론이고, 대주주의 주식 물량이 시장에 출회됨으로써 주가는 좀처럼 회복하기 어렵게 되어 결국 상장폐지에 이르기도 합니다.

또한 담보를 맡기고 자금을 사용한 기업의 오너, 즉 대주주는 대부분 급한 자금을 활용할 목적으로 '대주주 지분 담보 제공 사실'을 숨기고 담보 계약을 진행하게 됩니다. 그 이유는 대주주 지분이 사채시장에 담보로 제공되었다는 사실이 알려지면 주가에 직접적인 악영향을 끼칠 뿐만 아니라 대주주 지분이 담보로 제공됐다가 추후 기업사채업자가 채권을 확보하려 주식시장에 팔아 버리면 공시 위반 등 제재가 우려되기 때문에 대부분 담보 제공 사실을 숨기게 됩니다.

기업사채업자들은 이런 점을 악용하여 반대매매 형식의 불법을 저지르는 사례가 많지만 역시 제대로 된 형사 처벌은 이루어지지 않습니다. 때로는 이러한 대주주들의 약점 때문에 일부 기업사채 '중간 브로커'들이 기업사채시장 정보에 어두운 회사 오너들에게 접근하여 스스로를 '사채

자금주'로 가장하고 제3의 전주에게 자금을 일시 융통하여 주식담보 계약을 체결한 후 대주주 지분을 담보로 제공받기도 합니다.

'중간 브로커'는 담보로 대주주의 주식을 받자마자 즉시 처분하고 도주하는 일도 종종 벌어지는데, 어떤 경우에는 그 책임자를 중국인으로 내세워서 본국으로 출국시킨 후 사건을 미궁에 빠뜨리는 수법을 활용하기도 합니다. 대주주 지분을 담보로 제공할 경우 당사자들은 매우 정교한 계약서가 필요함은 물론이고 기업사채업자, 즉 자금주에 대한 철저한 신분 확인과 더불어 일시적으로 시장의 악재가 반영되더라도 공시 해당 여부를 잘 파악하여 계약을 진행하는 것이 그나마 악덕 기업사채업자나 브로커들의 농간을 예방하는 방법이기도 합니다.

4) 경영권 담보

일반적으로 생각할 때 "무형의 경영권이 어떻게 담보로 활용될 수 있을까?"라고 생각할 수 있지만, 기업사채시장에서는 담보로 활용되는 경우가 종종 있습니다.

무자본 M&A가 진행될 때 자금을 투자한 기업사채업자는 무자본 M&A 세력들이 회사의 경영권을 인수하는 시기에 자신들이 대여한 금액의 채권을 확보할 목적으로 새로 선임되는 이사진들의 사임서와 개인 인감증명서를 사전에 모두 제공받은 후 기업사채업자 쪽이 선임하는 동수의 이사들을 주주총회에서 선임하게 합니다. 그 후, 인수 주체인 무자본 M&A 세력들이 대여해 간 자금을 모두 변제하게 될 경우, 기업사채업자 쪽이 선임한 이사들은 모두 사임하고 나오는 방식입니다.

　물론 무자본 M&A 세력들이 인수자금을 일정 기간 이내에 변제하지 못할 때는 자금을 대여할 때 미리 받아 놓은 사임서를 활용하여 무자본 M&A 세력 쪽에서 선임한 이사들을 모두 사임시키고, 기업사채업자 쪽이 선임한 나머지 이사들로 하여금 회사 경영권을 장악하게 한 후 다시 재매각하는 방식으로 대여금을 회수하게 됩니다.

　이런 과정을 거치는 동안 회사는 기업사채업자 쪽이 고용한 아무런 책임감이 없는 경영진들이 장기간 맡고 있어 회사 경영은 결코 정상적으로 이루어질 수 없는 것입니다.

　악의 시드머니들은 항상 진화하고 변화합니다. 이들의 진화를 법률과 규제가 따라잡아 적발해 낸다는 것은 다른 범죄들의 경우처럼 불가능한 일일 것입니다. 하지만 금융당국과 수사당국의 의지만 있다면 이들의 범죄 행위를 철저히 적발하여 처벌하고 부당이득을 회수하면서 발생 횟수를 줄여 갈 수는 있다고 봅니다.

　또한 악의 시드머니들을 검찰 권력과 사법 권력의 비호를 받으면서 이들이 취한 부당이득을 나눠 갖는 '전관 범죄'를 없애는 것도 이들의 범죄를 줄이는 방법 중 중요한 한 가지가 될 것입니다.

SK하이닉스와 기업사채시장

　지금은 SK그룹의 주력 기업으로 자리 잡은 SK하이닉스가 과거 현대그룹의 자회사, 현대전자였다는 것을 알고 있는 일반인들은 별로 없는 듯합니다. IMF 사태의 충격으로 주당 4만 원대의 잘나가던 현대전자의 주식은 폭락에 폭락을 거듭했고 결국은 국외 매각설이 시장을 지배하고 있었습니다.

　현대전자의 주식은 제가 주식시장에 들어와서 매매했던 첫 종목이기에 늘 관심을 가지고 지켜보고 있었는데, 2002년에는 주가가 1주당 200원대까지 폭락을 하고 있었던 것입니다. 그때 현대전자의 주식은 미국의 반도체 회사인 '미크론테크놀로지'에 매각이 되느냐 아니면 국내 채권단들의 추가 지원으로 살아남느냐가 가장 중요한 이슈였고 하루에 20억 주 가까이 거래되는 날도 있었습니다.

　그때는 매년 주목했던 주식을 매수해 놓고 해외여행을 떠나는 '서머 랠리'를 즐기고 있던 때인데, 그해에도 저는 200원대와 190원대에 약 120만 주가량을 매수하고 발리행 비행기에 올랐습니다. 그리고 10일 정도 지나 여행에서 돌아왔을 때 '미크론테크놀로지'에 매각은 무산되고 국내 채권은행들의 지원이 결정되면서 연일 상한가(당시에는 상/하한가 15%) 행진을 하고 있었고 결국 발리에서 돌아와서 800원대에 매각하면서 큰 수익을 보기도 했습니다.

　현대전자와의 인연은 여기서 끝나지 않았습니다. 채권단이 3조 원에 가까운 현대전자에 대한 채권을 모두 출자전환을 하는 '채권금융기관협의회 결의'가 이어지면서 최대 주주는 현대상선에서 외환은행으로 바뀌었고, 금융기관이 최대 주주의 지위에 앉으면서 현대전자는 회생의 안정성을 찾아가고 있었습니다.

그리고 2004년 이후에 주가는 1만 원을 상회하는 안정권에 들어섰는데 그때부터 채권금융기관들 간에 틈이 벌어지기 시작했습니다. 2002년의 '채권단 결의'는 일정 기간 주식의 매도를 하지 않게 되어 있으나 재무 구조가 부실한 제2금융권의 저축은행들은 현금 확보가 필요했던 것입니다.

그때 평소 알고 지내던 저축은행 간부들로부터 저녁 식사 요청이 있었고 그자리에서 저축은행 쪽에서는 "명동에서 현대전자의 주식을 좀 받아 달라. 우리 회사의 유동성이 필요하다."라고 했습니다. 그래서 합의한 내용은 채권단에 들어가 있던 저축은행 쪽에서 보유하고 있는 현대전자의 주식을 주당 7천 원대에 명동의 기업사채업자 쪽에 넘겨주는 조건이었는데 그 무렵 현대전자의 주가는 주당 9천 원대와 1만 원대 초반을 오르내리면서 횡보를 하고 있었습니다.

저는 그때, 저와 같이 움직이던 명동의 기업사채업자 2곳과 함께 저축은행이 보유한 현대전자 주식을 받아 왔습니다. 채권단 보유의 주식이라고 하더라도 일반 주식과 똑같이 매매가 가능한 보호예수(일정 기간 매매하지 못하도록 묶어 놓은 주식)가 없는 주식이었기에 저축은행에서 받아 오는 대로 증권 계좌를 통해서 매도를 했습니다.

현대전자의 거래량은 워낙 많았기 때문에 우리가 매도하는 물량은 가격에 큰 영향을 미치지 않았습니다. 너무나 손쉬운 작업이었고 수익은 컸습니다.

저축은행이 보유한 물량을 한번 받아 와서 주식시장에 매각을 하면 단숨에 몇 억 원의 수익이 생겼고, 가져온 물량을 모두 매각하면 다시 저축은행을 찾아가 주식 현물(주권)로 받아 와 바로 매각을 하면 되는 것이었습니다.

그렇게 약 한 달 가까이 그 일을 반복하면서 이 작업에 함께 참여한 우리 팀은 큰 이익을 얻을 수 있었습니다. 그런데 이러한 작업이 점점 명동의 기업사채시장에서 소문이 나기 시작하여 그 후에는 주변의 기업사채업자들까지 이 작업에 뛰어들게 되었고 심지어는 저축은행이 아닌 제1금융권(은행)이 보유하고 있던 현대전자의 주식 일부까지도 명동 사채업자들이 받아 오기도 했습니다.

이처럼 당시에는 기업사채시장은 자본시장이나 주식시장의 위기가 곧 기회인 경우가 많이 있었습니다.

3장

주가조작

#주식시장   #공매도   #작전

자세히 보기 >

'주가조작'이란 무엇일까요?

 기사나 보도에서는 '주가조작'이라는 용어를 많이 사용하지만 법률에는 '주가조작'이라는 조항이 없습니다. 법률에서는 보통 '시세조종이나 불공정거래행위'라는 용어를 사용합니다.

 법률에서 주가조작이라는 용어를 사용한 예는 「주식회사 지앤지 대표이사 이용호의 주가조작·횡령 사건 및 이와 관련된 정·관계 로비 의혹 사건 등의 진상규명을 위한 특별검사의 임명 등에 관한 법률(2001년 11월 제정)」과 「한나라당 대통령 후보 이명박의 주가조작 등 범죄 혐의의 진상규명을 위한 특별검사의 임명 등에 관한 법률(2007년 12월)」에 사용된 것이 전부입니다. 하지만, 여기서는 일반적으로 주식시장에 많이 알려진 '주가조작'이라는 용어를 사용하기로 하겠습니다.

 주가조작이란 수요와 공급의 원칙, 즉 매수·매도의 시장 원칙에 따라 형성되어야 할 주식의 가격이 특정한 세력들이 부당한 이득을 취할 목적으로 불법적인 방법을 사용함으로써 인위적으로 형성되는데 이러한 부정한 행위들을 통칭해서 이르는 말입니다.

 주가조작을 하는 방법으로는 위장매매, 통정매매, 가장매매 등 여러 가지 불법적인 매매 기법에서부터 회사 안에서 일어나는 중요한 내부 정보의 발생과 유통 과정에서 이루어지는 내부자 거래, 미공개 정보 이용 등의 경우들과 대량 보유 보고 위반 등의 허위, 불법 공시를 활용하는 방법 등 주식시장에서 그 내용과 형식을 가리지 않고 수많은 기법이 단독적이거나 결합적으로 활용되어 지금도 벌어지고 있습니다.

제 개인적인 생각과 경험으로는 주가조작은 적발하지 못하고 있을 뿐 규모와 정도의 차이는 있겠지만 상장된 대부분의 회사에서 벌어지고 있을 것으로 보입니다.

기본적으로 주식시장의 수익 구조는 제로섬 게임(Zero-Sum Game)의 구조로 되어 있습니다. 제로섬 게임이란, '누군가의 수익은 반드시 누군가의 손실'이라는 뜻입니다.

따라서 모든 주가조작 세력들은 자신들의 부당이득을 극대화하고자 수익을 빼앗아 와야 하는 대상은 일반 투자자(소액주주)들일 수밖에 없는 것입니다.

1.
주식시장에서 벌어지는 주가조작

　모든 주가조작은 대주주 또는 경영진의 공모나 묵인, 동의 없이는 불가능한 구조로 이루어져 있고 주가조작의 규모가 크면 클수록 대주주 또는 경영진이 개입하는 정도 역시 크고 밀접하며 은밀하게 이루어집니다.

　또한 과거 주가조작은 인터넷 IP 추적이 불가능했기 때문에 여러 사람이 특정한 장소에 모여서 설계자의 설계와 지휘자의 지도와 지시 아래 매매를 진행하기도 하였습니다. 그러나 최근에는 주가조작을 적발해 내는 기법이 발전하여 매매가 이루어지는 지역을 IP 추적으로 특정할 수 있게 되었습니다.

　따라서 주가조작을 진행하는 세력들 역시 진화하여 불특정 장소에서 점조직 형태로 진행하는 것이 일반적입니다. 그래서 주가조작을 적발하는 것도 그만큼 쉽지 않게 되었습니다. 그리고 과거에는 설계부터 실행까지 1개월에서 6개월 사이에 대규모 주가조작을 진행하여 짧은 기간 내에 막대한 부당 이득을 취한 후 주가조작을 마치는 경우가 대부분이었습니다. 그러나 최근에는 주가조작의 범죄 혐의를 최대한 은폐하기 위해 주가조작 작전의 설계와 실행 기간을 장기간으로 계획하고, 되도록 금융 당국의 감시에 노출되지 않도록 하는 수법들이 주를 이루고 있습니다.

2.
주가조작의 일반적인
3가지 구조

일반적인 주가조작을 설명하기 위해서는 주가조작이 실제 이루어진 종목의 일간 차트(일봉 차트라고도 함) 유형으로 설명하는 것이 가장 이해가 빠를 것입니다. 주가조작의 차트는 여러 가지 형태로 나타나고는 있으나, 이를 단순화해 보면 대략 세 가지 형태로 나누어 볼 수 있습니다.

여기서는 세 가지 유형의 주가조작을, 1) 하락형 주가조작, 2) 박스(Box)형 주가조작, 3) 상승형 주가조작의 순서대로 설명하겠습니다.

일반 투자자들이 볼 수 있는 주식의 일간 차트들도 대부분 이런 모양을 나타내고 있지만, 그렇게 일상적으로 무심히 보았던 차트 안에서 대부분의 주가조작이 벌어지고 있는 것입니다. 그리고 주가조작 형식 대부분이 '3) 상승형 주가조작'의 형태이므로 마지막 순서에서 구체적인 사례들을 집중해서 설명하기로 하고 먼저 하락형 주가조작부터 설명해 보겠습니다.

1) 하락형 주가조작

주가가 하락할 때에도 주가조작(시세조종과 불공정거래행위)이 발생합니다.

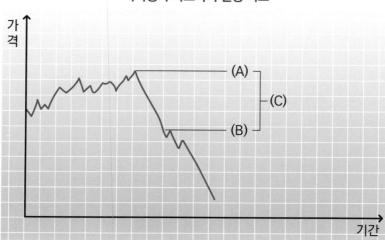

하락형 주가조작의 설명 차트

하락형 주가조작의 경우에도 여러 가지 방법의 주가조작이 있는데,

(1) 악재의 미공개 정보를 이용한 손실 회피

첫 번째가 회사에 악재가 있을 때, 이 정보가 공개되기 전에 미공개 정보를 이용하여 미리 보유 주식을 매도하여 악재가 발표되면 주가 하락으로 발생할 수 있는 손실을 미리 회피하는 것으로 이를 '손실 회피'라고 합니다.

회사의 악재로는 회계감사보고서상 '실적 악화'나 회사 경영 과정에서 벌어지는 법률적인 피소, 대규모 계약 해지 등이 있을 때, 이것이 언론 기사나 공시로 발표되면 주가에 악영향이 있게 되므로 이러한 정보를 먼저 취득한 내부자들이 손실 회피 방법으로 한발 앞서 대규모 매도를 하여 주가는 급락하게 되는 것입니다.

- ▸ A: 매도 시점
- ▸ B: 발표 시점
- ▸ C: 손실 회피로 인한 부당이득 구간

(2) 공매도 세력에 의한 주가조작

두 번째의 경우에는 '공매도 세력'에 의한 하락형 주가조작입니다.

공매도란, 단순하게 설명하자면 보유하고 있지 않은 종목의 주식을 외부에서 차용하여 '선행 매도'하고 주가가 하락하면 '후행 매수'하여 선행 매도한 주식 수만큼 다시 확보하는 것으로, 그 하락 폭만큼 수익을 얻는 방법의 매매 기법입니다.

공매도 제도에 대해서 "시장 과열을 방지한다."라는 사전적이고 상식적인 주장을 하기도 하지만, 그 구조와 내용을 들여다본다면 일방적으로 소액주주들에게 불리한 제도입니다.

주식시장 역사상 공매도 제도가 사전적이고 상징적 의미로 시장에서 활용된 경우는 거의 없고 대부분 대규모 자금이 소규모 자금을 빼앗는 수단으로 활용되어 온 것이 사실입니다.

현재 제도상의 증권사 등 대규모 자본이나 투자 기관들이 공매도를 적극적으로 행사하면서 일방적인 제도의 혜택을 누리고 있고 상대적으로 소액주주들은 피해를 입게 되는 것입니다.

때에 따라서는 시장 관리자들이 일시적으로 '공매도 금지'를 하고 있고 소액주주들의 대규모 항의로 인해서 "개인 소액주주들에게도 공매도를 허용하겠다."라고 '공매도 제도 개선'을 한다고 하지만, 그들의 주장대로 개선이 된다고 하더라도 일반 투자자(소액주주)들에게는 불리한 제도일 수밖에 없습니다. 공매도 제도가 소액주주들에게 허용된다고 하더라도 자금 규모의 차이나 정보의 비대칭성 등 여러 가지 이유로 일반 투자자(소액주주)들이 공매도로 수익을 얻을 기회는 불가능하거나 매우 희소할 것입니다.

자금의 규모가 일반 투자자(소액 주주)들에 비하여 월등하게 대규모이고, 정보 접근성이 쉬운 증권사 등 대규모 자본들은 '공매도의 집중력'으로 인해서 순간적으로 가격의 변동 폭을 크게 만들 수 있지만 일반 투자자(소액주주)들의 입장에서는 각 개인의 자금 규모나 매도 시기의 집중력 부족, 정보 접근성의 어려움 등으로 인하여 '공매도 제도'를 활용하여 수익을 볼 수 있는 기회는 거의 없다고 봐야 합니다.

- ▶ A: 공매도 시점
- ▶ B: 공매도 주식 매수 시점
- ▶ C: 공매도 수익 구간

● 실제 주식시장에서 벌어졌던 공매도 작전 Z

공매도 작전의 가장 확실한 방법과 재료로는 '검찰 수사'를 가장 먼저 꼽을 수 있습니다. 공매도 작전에서 가장 성공 확률을 높이는 방법은, 시장 참여자들에게 강력한 공포심을 전달해야 하기 때문입니다.

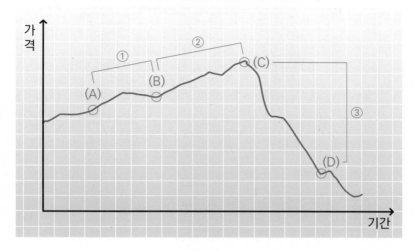

실제 공매도 작전이 벌어졌던 차트

실제 이 사건은 주식시장에 벌어진 사건임에도 아직 진실이 밝혀지지 않았습니다. 이 사건의 시작은 A 지점에서 발생합니다. 해당 기업 'Z'는 당시 시가총액이 1조 원에 가까워 시장에서 유망주로 많은 시장 참여자들에게 각광을 받던 주식이었습니다.

그런데 'Z'라는 회사에서는 알려지지 않은 악재가 발생하게 됩니다. 오너의 비서실에 근무하던 여직원이 오너로부터 "성추행을 당했다."라는 것이고, 당시 여직원은 성추행을 했던 오너와 합의 단계에 있었습니다. 하지만 이러한 내부 정보가 외부로 흘러 나가게 되고 'Q'라는 규모가 큰 자산운용사가 이 정보를 먼저 취득하게 됩니다.

당시 '미투 사건'이 사회적으로 커다란 이슈가 되고 있던 시기라 자산운용사 'Q'는 자신들이 얻게 된 'Z'의 내부 정보를 활용하여 공매도 작전을 실행하게 됩니다.

자산운용사 'Q'는 자신들의 자체 자금을 활용하여 100억 원대 규모의 공매도를 'A부터 B 구간'에서 실행에 옮기게 됩니다(①번 구간).

　그런데 자산운용사 'Q'의 계획과는 달리 그 기업 'Z'의 주식은 하락하지 않았습니다. 당시 전체 시가총액에 비해서 공매도 금액이 적었던 이유가 있기도 했지만, 시가총액이 1조 원 정도를 유지하고 있었던 기업 'Z'의 주가 하락을 이끌어 내기에는 자산운용사 'Q'가 계획하던 '경영진과 관련된 미투 재료'가 시장 참여자들에게는 투자 심리의 공포를 주기에 미약하다고 받아들였던 것입니다.

　따라서 시장에서 그 기업 'Z'의 주식은 하락하지 않고, 오히려 약간 상승하게 되면서(②번 구간) 자산운용사 'Q'의 입장에서는 막대한 손실을 볼 수밖에 없는 위기에 빠지게 되었습니다. 이에 자산운용사 'Q'의 오너는 검찰 권력을 이용하여 2차 공매도 작전을 계획하게 됩니다. 이 공매도 작전에는 당시 권력의 핵심도 관여하게 됩니다.

　자산운용사 'Q'의 오너는 그 기업 'Z'가 판매하는 상품을 관리·감독하던 기관과 협의하여 'Z'가 생산하는 상품의 제조 과정과 상품의 성분에 대하여 불법성이 있다는 명분으로 검찰에 정식 고발하게 되고, 검찰은 고발 즉시 그 기업 'Z'의 본사를 압수 수색하고 회사의 오너를 긴급 체포하여 조사를 진행하게 됩니다(C 지점). 이러한 상황이 언론에 대대적으로 발표되고, 시장 참여자들에게 'Z'가 상장폐지될 수도 있다는 강력한 투자 공포를 전달되게 되고, 일반 투자자들은 즉시 해당 종목 'Z' 주식을 시장에 투매하게 됨으로써 주가는 패닉에 가까운 폭락을 하게 됩니다.

당시 'Z' 주식의 폭락은 주식시장 전체의 폭락으로 이어지기도 했습니다(③번 구간). 그 기업 'Z' 주식이 폭락하게 되자 자산운용사 'Q'의 오너는 자신들이 공매도한(①번 구간) 주식을 'D 지점'에서 매수하여 'Z' 주식이 하락한 만큼 막대한 부당이득을 취하게 됩니다.

당시 이 사건은 사회적으로 큰 이슈가 되어 금감원은 물론 국회 차원의 조사가 이루어졌지만, 당신 권력의 핵심으로부터 비호를 받고 있던 자산운용사 'Q'의 오너는 ①에서부터 ②까지의 공매도 거래내역서만 제출하면서 "공매도는 있었지만 오히려 손실을 봤다."라고 주장하였고 그 주장이 그대로 받아들여져서 더는 진실은 밝혀내지 못하고 끝나게 된 것입니다. 당시 금감원에서도 해당 공매도 사건을 조사했었는데, 조사를 담당했던 금감원의 책임자가 조사 도중 갑자기 다른 기관으로 전보되면서 사건은 묻히게 되었습니다.

그때 주식시장에서는 권력의 실세가 정치 자금을 조달하기 위하여 그 공매도 작전에 개입하였고, 공매도 작전에서 권력의 실세가 이용한 증권계좌가 금감원 조사 과정에서 드러났으며 조사 과정에서 이를 발견했던 금감원의 조사 책임자는 지속적인 조사를 주장하다가 다른 기관으로 전직하게 되었던 것입니다.

검찰에 의해서 긴급 체포되어 조사를 받았고, 구속 영장까지 청구되었던 그 기업 'Z'의 경영진과 오너는 그 후 혐의를 벗게 되었지만 'Z'는 이미 거래 정지가 되었고, 회사와 일반 투자자(소액주주)들만 회생이 불가능할 정도의 피해를 입고 흐지부지 끝나게 되었습니다.

- '공매도 제도'에 대한 개선 방안으로는 **'사전 공매도 공시 제도'**를 만드는 것도 한 가지 방법일 것으로 보입니다. 공매도와는 반대의 경우이기는 하지만, 상장회사의 경우 '주식 가격 안정, 주주 가치 제고' 등의 이유로 시장에서 자기 회사의 주식을 매입하는 '자사주 매입 공시 제도'가 있는데, 이 경우 회사는 '시장에서 매입하게 되는 자사주의 수량, 매입 기간 등'을 자기주식 매입신고서에 기재하여 금융감독기관에 제출하고, 자기주식의 매입이 종료된 이후에는 그 시점에서 5일 이내에 다시 '자기주식 취득결과보고서'를 다시 금융위원회에 제출하도록 자본시장법상의 공시 규정으로 정해져 있습니다.

한국 상장사협의회 상장 2008 / 10월호

신고서의 구분	제출기한
자기주 취득결과보고서	자기주식의 취득을 완료한 때 또는 신고서상 취득하고자 하는 기간이 만료된 날로부터 5일 이내
신탁계약 등에 의한 취득상황 보고서	신고서 제출 후 3월 경과 일로부터 5일 이내

Ⅰ. 자기주식 취득의 결정

| 1. 자기주식의 취득이 적절한가? (관련 법규) 상법 제341조 거래법 제189조의2 발행공시규정 제100조 | (1)자기주식의 취득이 주가 안정 및 경영권 보호 등 회사의 가치제고를 위해 적절한가?(필요성의 검토) ※ 자기주식의 취득은 가격급변이라는 시장충격과 내부정보 이용 등 불공정거래 수단으로 악용될 소지가 있고, 재무구조의 부실화를 초래하여 자본충실의 원칙에 위배될 수 있으므로 상법은 원칙적으로 금지하되 주식을 매입한 뒤 소각하는 경우나 회사의 합병, 주주들의 매입청구가 있는 경우 등 일부 예외적인 경우에만 허용함. |

주요 점검사항 및 관련법규	세부 점검사항
	※ 그러나 증권거래법에서는 일정한 절차와 한도내에서 자기주식의 취득을 허용하여 주가안정, 경영권안정, 임직원에 대한 공로금 지급 등의 수단으로 활용할 수 있도록하고 있음. 따라서 자기주식의 취득에 고나하여는 회사의 가치제고를 위해 수행되어야 할 것이며 이를 위해 다각도에서 타당성을 검토한 필요가 있음. ※ 이하에서는 거래법상 주가안정을 목적으로 한 자기주식의 취득을 중심으로 구성함.
2. 자기주식을 얼마나, 어떤 방식으로 취득할 것인가? (관련 법규) 거래법 제189조의2 발행공시규정 제100조	(1) 회사는 어느 정도의 수량을 자기주식으로 취득할 것인 가?(취득가능한 재원 및 취득목적에 부합한 수량의 확인) ※ 자기주식의 취득은 회사의 유동성을 고려하여 주주이익을 위한 수단으로 실시하는 것이므로, 당해법인의 배당가능이익 한도 이내(직전사업연도 감사결과 수정후 정기주주총회에서 승인된 대차조표 기준)에서만 자기주식을 취득할 수 있음. ※ 다만, 결산기 이후 주주총회 전에 자기주식 취득신고서 등을 제출할 때에는 직전 사업연도 재무제표가 주주총회 승인 전의 것이므로 **전전년도의 재무제표를 산정기준으로 함**(금감원, 기업공시 실무안내06(자기주식)-1 참조).

'공매도'를 진행하는 기관 투자자들로부터 공매도의 사전 공시와 '공매도 사전신고서와 공매도 처리결과보고서'를 받는 형태와 같은 방식으로 금융감독기관이 공매도에 대한 관리·감독을 해야 한다는 생각입니다.

지금도 금감원에 의해서 '공매도 잔고 보고'의 제도는 이루어지고 있지만, 이것은 사후적 보고이므로 이 제도에 공매도에 대한 사전 보고를 추가한다면, 그래도 일반 투자자들이 공매도로 입는 피해를 줄일 수 있을 것이라 생각합니다.

금융감독원 공매도 잔고 보고 및 공시제도 개요

	공매도 잔고 보고		공매도 잔고 공시
근거 조항	• 자본시장법 §180조의2 - 동법 시행령 §208조의2		• 자본시장법 §180조의3 - 동법 시행령 §208조의3
의무자	• 상장주식˙에 대한 공매도 잔고 비율 등이 일정기준 이상인 투자자 ˙ ETF, ELW, DR 등은 제외하며 우선주, 부동산투자회사, 기업인수목적회사, 사회기반시설투융자회사 등이 발행한 주식은 포함합니다.		
의무 발생기준	• ①공매도 잔고비율˙이 0.01% 이상이면서 잔고 평가액이 1억원 이상 또는 ②잔고 평가액 10억원 이상		• 공매도 잔고비율 0.5% 이상
	공매도 잔고 비율 (%) = (공매도 잔고 ÷ 상장 주식수) × 100		
기한 및 주기	• 의무 발생기준에 도달한 날(보고의무 발생일)로부터 2영업일이 되는 날 증권시장(시간외 시장을 포함)의 장 종료 후 지체없이 ('17.5.22. 개정) • 추가 거래가 없어도 일별로 보고의무 발생기준 이상을 유지하면 매일 공시의무 발생		
내 용	• 주식명, 인적사항, 공매도 잔고 등		• 주식명, 인적사항 등
방 법	• 금감원 홈페이지에 보고자 등록을 하고 잔고내역 등 입력 ①인적사항 등을 등록하여 ID를 발급 받고, (최초 1회) ②보고의무 발생시마다 발급받은 ID로 로그인 하여 보고 혹은 공시에 필요한 자료입력(화면양식, 또는 엑셀파일)		

물론 이런 주장에 대해서 비판적인 입장을 갖는 쪽에서는 "오히려 주가 조작에 역이용될 소지가 있다."라고 하지만 그러한 부작용은 '자사주 매입 제도'에도 상존해 온 주장입니다.

(3) 저가 매집을 위한 고의적 하락

세 번째로는 해당 회사에 민사·형사 소송을 발생시켜 매도를 유도하여 고의로 주가 하락을 시킨 후 저가로 매수하는 수법입니다. 드물게 발생하는 경우이지만, 주가조작 세력들이 주식 물량을 저가에 매집할 목적으로 그 회사와 제3자 간의 소송을 고의로 발생시키고 이를 공시함으로써 공시된 악재를 보고 일반 투자자들이 투매하면서 발생하는 형식이 이에 속합니다.

(4)기업사채업자와 공모된 현금화

네 번째 방법으로는 기업사채업자와 공모하여 가장(假裝)납입 후, 찍기

물량의 현금화 매도 수법입니다. 기업사채를 활용하여 '가장납입' 형태로 증자를 하여 주식이 발행됐을 경우, 그 주식 물량을 현금화하기 위해서 시장에 매각함으로써 발생하는 경우가 이에 해당합니다. 이때 주가조작 세력들은 가장납입으로 발행된 주식을 매도하는 대로 대부분의 주식 매도자금이 부당이득에 해당하므로 대규모 매도가 이루어지는데, 이때 그 하락 폭이 더욱 커지게 됩니다.

(5) 대주주 지분의 반대매매로 인한 하락

앞서 언급했던 주식담보 후 담보 비율 하락으로 인하여 기업사채업자가 채권 회수 차원에서 담보로 보유하고 있던 주식을 주식시장에 매각하는 반대매매가 발생하는 경우가 이에 속합니다.

이렇게 될 경우, 일반 투자자(소액주주)들은 아무 정보가 없어 하락하는 주식의 '투매'에 나서고 이에 하락이 지속할 경우, 대주주는 하락한 주식을 저가에 다시 매수하여 대주주 물량을 회복하게 됩니다.

이렇게 진행될 경우, 대주주는 지분의 담보 사실 자체나 기업사채업자가 반대매매한 상황을 은폐(隱蔽)하려고 하지만 만약 이 같은 내용이 금융감독당국에 발각되더라도 자신들이 벌어들인(또는 회피한 손실 금액) 부당이득이 막대한 데 비해 그 처벌은 미약하므로 주가조작 세력들은 이 방법을 두려움 없이 자주 활용합니다. 또한 이 방법은 대주주와 기업사채업자가 서로 공모하여 미공개 정보를 이용하여 악재에 대한 손실 회피 방법으로 사용하기도 합니다.

대주주와 기업사채업자가 '주식담보 계약서'상의 '반대매매 비율'을 인위적으로 합의하여 설정하고, 대규모 매도를 한 후 '미공개 정보 이용' 범죄 혐의에 대해서는 "주식담보 후 반대매매로 인해 불가피하다."라고 하여 거짓 주장을 하며 자신들의 범죄 행위를 면피하기 위해서 이 같은 수법을 사용하기도 합니다.

(6) 상장폐지 작전

극단적인 하락형 주가조작은 상장폐지 작전입니다. 이 경우 역시 주식시장에서 드물게 볼 수 있는 형식인데, 무자본 M&A 세력들이 건전한 회사의 자산을 불법적인 방법으로 모두 빼돌린 후에 자신들의 범죄 행위를 은폐하거나 축소할 목적으로 사용합니다.

그들은 비교적 처벌이 가벼운 혐의나 고의적인 분식회계 등의 방법으로 '상장폐지 사유'를 발생시킨 후 상장유지에 대해서 적극적인 대응을 하지 않음으로써 그 회사가 상장폐지가 될 경우, 상장폐지의 마지막 절차인 '정리매매 기간(또는 거래 정지 기간)'에 휴지처럼 헐값이 되어 버린 주식을 저가에 매집하는 경우를 말합니다. 이렇게 상장폐지가 된 주식을 저가에 매집할 때는, 경영진의 불법 행위로 상장폐지가 되어 버린 주식에 대해 외부에서 별도 매집책을 동원하여 정리매매 기간에 투매로 쏟아지는 주식을 저가에 매집하게 됩니다.

그 후 '위장 피해 주주 모임'을 만들어서 불법 행위를 한 당사자들이 실제 피해 주주 모임의 법률적 대응을 무력화하거나 '위장 피해 주주 모임'으로 하여금 회사 경영에 불법을 저지른 당사자들과 '위장 합의'를 이끌어 냄으로써 처벌을 가볍게 하는 수법으로 사용하기도 합니다.

(7) 하한가 따먹기

하락형 주가조작에서는 '하한가 따먹기'라는 형식의 매매 기법도 등장하는데 위와 같은 여러 가지 이유로 해당 종목에 하한가 물량이 대량으로 쌓여 있을 때 지속적인 주가 하락이 예상되므로 대주주나 그 회사의 경영진은 추가로 주가가 하락하는 것을 방어할 목적으로 주가조작 세력이나 기업사채업자를 동원하여 하한가에 쌓여 있던 대규모 물량을 일시에 매입하여 거둬들임으로써 주가의 추가 하락을 막게 되는 것입니다.

또한 하한가 물량이 대규모로 거래가 이루어지고, 이후 상승하는 것처럼 보일 때 그 주식을 추격 매수하는 일반 투자자(소액주주)들에게 다시 대규모 재매도를 함으로써 부당이득을 취하는 매매 방식이기도 합니다.

2) 박스(Box)형 주가조작

박스형 주가조작은 대부분 경영권이 어느 정도 안정된 회사에서 벌어지는데, 이 경우의 차트는 일반적으로 일정한 가격으로 고점과 저점을 반복해서 오르내리면서 일봉 차트를 박스형으로 형성하고 있습니다.

이런 종목들은 보통 호재 또는 악재의 미공개 정보를 갖고 경영진이나 내부자들이 차명계좌를 활용하여 매매하는 경우가 대부분입니다.

- 대주주 지분의 담보 후 매매 패턴: 경영권이 안정된 회사라고 하더라도 자금의 수요에 따라서 대주주 지분의 일정 물량을 금융권 등에 담보하여 자금을 사용하는 경우가 종종 있습니다. 이때 대주주는 담보된 물량의 반대

매매를 방지하기 위해서 여러 차명계좌를 이용하여 일정한 저점에서 매수하고, 그것을 다시 일정한 고점에서 매각하면서 주가를 관리하는 경우가 이에 속하게 됩니다.

박스(Box)형 주가조작의 차트

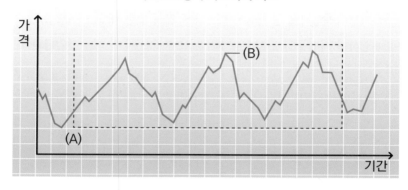

- A: 내부 정보를 활용한 저점 매수 시점, 반대매매 비율 저항점
- B: 내부 정보를 활용한 고점 매도 시점

- 내부자 차명계좌를 이용한 매매 패턴: 가장 흔하게 일상적으로 벌어지는 매매 패턴으로 회사의 최고 경영진이나 내부 정보 취급·수령자들이 별도 차명계좌들을 이용하여, 회사의 실적 발표나 중요 계약 시점 등 내부 정보를 활용하여 하락과 상승 변곡점마다 매수와 매도를 반복 매매하여 부당한 이득을 취하는 것인데, 이러한 박스형 주가조작의 불법 행위들은 가격 폭이 크지 않아서 발각되거나 적발하기 어려운 점이 있습니다.

3) 상승형 주가조작

(1) 상승형 주가조작의 일반

가장 일반적인 주가조작 형태로, 주가조작 선수들 대부분이 이 범주에 있습니다. 주가조작으로 형사 처벌을 받은 선수들은 자기가 했던 종목의 주가조작 규모를 가지고 M&A 시장에서 '능력 있고 훌륭한 스펙'으로 활용하고 있는 것이 현실입니다.

주가조작을 의뢰하는 쪽에서는 주가조작 선수의 능력을 판단할 때, 과거 그 주가조작 선수나 주가조작 팀이 작업했던 종목을 평가해서 주가조작의 실행을 맡기게 되는데 그러한 '스펙'에 따라서 지급되는 비용(일명 '수급 비용')의 규모도 다르기 때문입니다.

따라서 상승형 주가조작의 경우 각각 규모의 차이는 있지만, 주가조작 비용을 조달하기 위해서 대부분 또 다른 기업 범죄를 저지르게 됩니다.

이러한 주가조작 수사가 이루어질 때 기소 단계에서 단순한 주가조작으로 기소하느냐 아니면 횡령과 배임 등을 함께 기소하느냐 하는 결정은, '수사 단계에서 힘 있는 전관 변호사가 개입하느냐 아니면 개입하지 않느냐'가 좌우하는 것을 자주 목격했습니다.

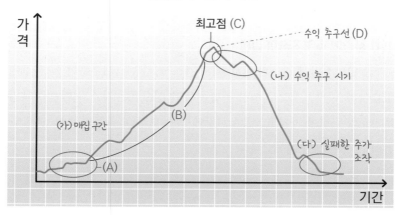

상승형 주가조작 차트

(2) 상승형 차트의 각 지점에 대한 설명

- A: 매집기, 또는 '모찌계좌'*의 형성 시기
- B: 상승기, 통정매매 등 각종 불법 매매 기법을 통하여 주가를 상승시키는 시기
- C: 수익 실현기, 주가조작 세력들이 매도를 통하여 부당이득을 실현하는 시기이고 이 시기에 각종 호재성 공시나 기사들을 쏟아 내면서 개미 투자자들이 매수하도록 유인함.

주가조작 세력들은 'C'의 고점에서 차트를 하락시키지 않고 오른쪽으로 더욱 상승시키거나 오래도록 횡보하도록 하는 것을 '성공한 작전'으로 평가하고, 그에 따른 '부당이득의 규모'가 커지게 됨.

- D: 수익 추구선, 주식의 가격을 끌어올리는 작업은 그리 어렵지 않은 일입니다. 끌어올린 주식의 가격이 얼마나 오래 그 상태를 유지하면서 최고점을 기준으로 오른쪽으로 '수익 추구선'을 얼마나 오랜 기간 우상향 또는 우향하여 가격을 유지하며 끌고 가느냐가 해당 종목의 주가조작을 성공으로 보느냐 실패로 보느냐 하는 기준이 되는 것입니다.

* 최종적으로 수익을 보는 물량이 담긴 계좌를 말합니다.

'다'의 지점이 수익 추구 시점이라면 '가'의 매집 기간과 매도 기간의 가격 차이가 없으므로 '실패한 주가조작'이 되는 것.

● 모찌계좌의 의미

모든 상승형 주가조작에는 '모찌계좌'가 존재하는데, 모찌계좌는 최종적으로 수익을 보는 물량이 담긴 계좌를 말합니다. 결국 모찌계좌가 그 주가조작의 주범 또는 세력의 핵심을 찾는 단서가 되기도 합니다.

(3) 실패한 주가조작과 성공한 주가조작의 예

● 아이콜스 주가조작 사건

실제로 2007년 코스닥 시장에서 일어난 '아이콜스'라는 종목의 주가조작에서는 처음 매집기 'A' 지점이 2,200원대에 시작하여 'C' 최고점은 40,000원대까지 끌어올렸으나 끌어올린 주식을 매각하여 수익을 추구하는 마무리 지점에서 내부자의 사고로 인하여 곧바로 단시간에 다시 2,000원대 초반까지 곤두박질치게 되어 주가조작이 실패로 돌아간 경우가 있습니다. 그때 아이콜스 주식은 13일 연속 하한가라는 대기록을 세우기도 했습니다.

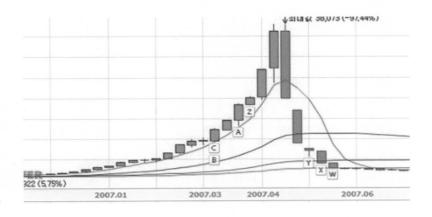

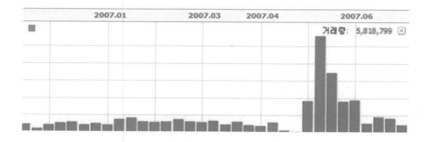

 그만큼 주가를 끌어올린 후 높은 가격으로 유지하면서 횡보를 시킨다
는 것은 매우 어려운 일입니다.

● 델타정보통신 사건
 그래서 때로는 주가조작 세력들이 끌어올린 주식을 최고점에서 매각하
여 최고의 부당이득을 얻을 목적으로 이러한 방법을 기획하여 실행한 경
우도 있습니다.
 과거 코스닥의 '델타정보통신'이라는 회사가 있었습니다. 이 회사는 핸
드폰이 일반화되기 이전에 공중전화에서 사용하는 '공중전화 카드'를 제
조하는 회사였는데, 이 종목을 주가조작의 대상으로 기획한 세력들은 처
음부터 증권사 직원을 공범으로 섭외하게 됩니다. 주가조작 세력들은 사
채자금을 이용하여 델타정보통신의 주식을 끌어올리기 시작합니다. 그
후 최고점에 이르렀을 때, 주가조작 세력들과 미리 공범으로 섭외한 증
권사 직원이 짜고 매매 시점을 결정하게 됩니다. 이 주식은 단 2개월 만
에 1천 원대의 주식을 5천 원대까지 끌어올렸습니다.
 주가조작 세력들은 특정한 시점에 자신들이 매집해 놓은 물량을 한꺼
번에 매도 주문을 진행하고, 공범이 된 증권사 직원은 그와 동시에 주가
조작 세력들이 내놓은 주식을 모두 매수하여 그들이 매집한 전체 물량을
일시에 모두 소화해 줌으로써 최고의 부당이득을 안겨 줬습니다. 그런데

공범으로 섭외된 증권사 직원은 자기자금으로 매수한 것이 아니라, 자기가 근무하고 있던 '대우증권' 자금으로 매수한 것이며 그렇게 매매된 주식 물량은 기존 최대 주주 지분을 훨씬 초과하는 물량이었습니다.

이 사건으로 인하여 델타정보통신은 한순간에 대우증권 '자회사'가 되어 버렸고, 이 일을 벌인 증권사 직원은 주가조작 세력들에게서 '30억 원'을 받아 외국으로 도피하려다 도착한 나라의 공항에서 비행기에서 내려 보지도 못하고 긴급 체포되어 국내로 송환되었습니다.

◎ 연합뉴스
델타정보통신 주가조작 역할 분담

[출처 - https://news.v.daum.net/v/20020922120536433?f=o]

(4) 성공한 주가조작은?

사실 '완벽하게 성공한 주가조작'은 있을 수도 있고, 없을 수도 있습니다. 그 이유는 주가조작 행위가 언젠가 밝혀진다면 성공한 조작이라고 볼 수 없고, 주가조작 행위가 벌어진 이후에도 밝혀지지 않는다면 성공한 주가조작이라고 볼 수도 있기 때문입니다.

하지만 실제 주식시장에서 매우 드문 경우지만 앞의 '상승형 주가조작 차트' C 지점에서, 주가조작 세력이 인위적인 주가조작 행위를 멈춘 후에도 자연 발생적인 시장 호황이나 갑작스러운 기업의 실적 개선 등으로 인하여 '수익 추구선'이 오히려 상승하여 장기간 우상향했을 때는 그 이전에 벌어진 주가조작 행위에 대하여 처벌하기란 쉽지 않은 일입니다.

왜냐하면 일반 투자자들이 얼마든지 시장에서 고가에 매도를 할 수 있는 기회가 있었고, 그래서 일반 투자자들이 피해를 봤다고는 볼 수 없기 때문입니다.

3.
주가조작의 목적과
수단에 따른 분류

　'주가조작'에서 활용되는 호재성 재료, 일명 '펄(Pearl)'이나 주가조작의
목적과 주가조작에 참여하는 참여자 등에 따라서 여러 가지의 형태를 띠
고는 있지만, 모든 주가조작의 근본적인 목적은 부당이득을 극대화하는
것입니다. 따라서 여기서는 주식시장에서 흔히 벌어지는 주가조작에 대
해서 목적과 수단에 따라 분류하여 설명하도록 하겠습니다.

1) 무자본 M&A형 주가조작

　대표적인 주가조작 형태이고 이 방식에 대해서는 '무자본 M&A' 편을
참고하셨으면 합니다.

2) 적대적 M&A를 가장한 주가조작

　이 방식은 주가조작의 재료로 마치 시장에서 '적대적 M&A'가 벌어지
는 것처럼 공격하는 쪽과 방어하는 쪽이 서로 공모하여 '적대적 M&A'로

위장하는 수법을 이용하는 방식입니다.

적대적 M&A란, 해당 회사의 주식을 '대주주와 정상적인 경영권 양수·양도 거래'가 아닌, 주식시장에서 직접 지분을 매입하여 주주총회에서 의결권을 행사함으로써, 기존 이사진을 해임하거나 자신들의 이사를 선임하게 함으로써 경영권을 취득하거나 개입하려는 것을 뜻합니다.

'적대적 M&A'로 인한 경영권 분쟁 공시가 발표되면, 시장에서는 경영권 분쟁을 벌이는 기존의 경영진과 적대적 M&A를 시도하는 외부 세력들이 주주총회에서 더 많은 의결권을 확보하기 위한 대규모 주식 매집에 들어갈 것으로 판단하고, 그렇게 양측에서 경쟁적으로 주식시장에서 해당 회사의 주식 매집을 실행할 때 수요와 공급의 원칙에 따라서 매수세가 강해지므로 주가는 상승하게 됩니다.

또한 적대적 M&A 재료를 주가조작에 사용할 때는 공격하는 측의 매집 물량을 공시하고, 방어하는 기존 대주주가 적대적 M&A를 방어한다는 명분으로 시장에서 추가 지분을 매입했다는 공시를 되풀이함으로써 시장 참여자들에게 보유 물량을 매도하지 않고 지속적으로 보유하게 하거나 추격 매수를 부추기는 방식으로 주가를 끌어올리는 효과를 볼 수 있습니다. 그렇게 양측에서 서로 주식 매집을 경쟁적으로 진행하다가 일반 투자자들이 대규모로 추격 매수에 가담할 때 고점에서 대규모 매도를 함으로써 부당이득을 취하는 형식의 주가조작을 말하는 것입니다.

시장에서 주식을 매집하여 적대적 M&A를 시도한다는 것은 이론적으로는 가능하지만, 실제 주식시장에서 적대적 M&A는 거의 불가능한 일입니다.

따라서 이러한 뉴스나 공시를 접하는 시점이 주식의 차트상 고점이라면 적대적 M&A를 가장한 주가조작을 의심해 봐야 합니다.

또한 최근에는 많은 기업이 회사의 정관을 만들 때, 초다수 의결제(회사의 기존 임원을 주주총회에서 강제로 해임할 때는 전체 발행주식의 90% 동의를 받게 하는 것)나 임 기 교차 제(회사의 등기 임원의 정년을 각각 따로 두게 함으로써 적대적 M&A로 경영권이 공격을 받더라도 기존의 임원진은 한꺼번에 해임이 되지 않으므로 경영 관여를 지속적으로 할 수 있도록 하는 것) 등의 적대적 M&A 방지 조항을 많이 두어 시장에서 적대적 M&A는 더욱 불가능해지는 추세입니다.

3) 증자 성공을 목적으로 하는 주가조작

이것은 회사가 대규모 자금 조달을 위하여 주주배정 유상증자나 일반 유상증자 등 증자(주식의 추가 발행을 통한 자본 확충)를 진행할 때 주로 단기적으로 활용하는 방식입니다.

유상증자 주식의 배정가가 확정된 후에 일반 투자자들의 유상증자 참여 비율을 높이기 위하여 단기간에 인위적으로 주가를 상승시키면 주식의 시장가와 유상증자의 배정가의 차이가 크면 클수록 유상증자에 참여하여 단기 차익을 보려는 일반 투자자들의 증자 참여 비율이 높아지게 되는 것이고 그럼으로써 회사나 경영진 입장에서는 운용 자금을 안정적으로 더욱 많이 조달할 수 있게 되는 것입니다.

이 방식의 주가조작은 유상증자 참여자들이 확정되면 대부분 그 시점부

터 하락하게 됩니다. 하지만 특정인들을 대상으로 하는 '제3자 배정 유상
증자'의 경우에는 배정되는 증자의 물량을 쉽게 통제할 수 있으므로 주가
조작 세력들과 협업하여 인위적으로 주가를 장기간 높은 가격으로 끌어
올린 후 매각하는 방법으로 부당이득을 극대화하는 경우도 있습니다.

이런 방식의 작전일 경우에는 제3자 배정 유상증자에서 배정받는 주식
의 가격이 이미 시장 가격보다 낮게 배정되어 있으므로 '상승형 주가조
작 그래프'의 '가'와 같이 저가에 물량을 매집하는 '매집 기간'이 별도로
필요하지 않고, '제3자 배정 유상증자' 배정 물량이 모찌계좌 역할을 대
신하게 됩니다.

4) 워런트 풀어먹기

워런트(warrant)란 주식을 일정한 가격에 살 수 있는 권리를 말합니다.
이 방식은 '증자 물량 풀어먹기'와 '전환사채를 활용한 부당이득 챙기기'
모두 해당되는 것으로, 이 경우에도 주가조작으로 최종 수익을 보는 물
량을 별도로 매집할 필요가 없습니다.

즉, '모찌계좌'가 별도로 필요하지 않고 워런트로 생성되는 주식이나
증자를 통해서 새로이 상장되는 주식, 전환사채로 전환될 수 있는 주식
자체가 '모찌계좌' 역할을 함으로써 주식을 고가로 올려서 매각을 하게
되면 그 자체를 모두 부당이득으로 취할 수 있는 것입니다.

전환사채의 경우, 일정 기간이 지나면 정해진 가격으로 주식으로 전환

할 수 있는 채권인데 최근 발행하는 전환사채 대부분은 '리픽싱 조항(주식으로 전환할 때 주식 가격을 일정한 기간마다 재조정할 수 있는 조항)'이 부여됩니다.

리픽싱(Refixing)은 주식으로 전환되는 주식 가격을 하향 조정은 할 수 있지만 상향 조정하는 일은 없기 때문에 전환사채 소유자에게 유리한 채권입니다. 그래서 전환사채가 주식으로 전환되는 시점이 다가오면 주식으로 전환되어 발행되는 시기에 맞춰 인위적인 주가조작으로 시장 가격을 끌어올리게 되고, 그럴 경우 시장에서 형성된 가격과 전환된 주식의 전환가가 가격 폭이 크면 클수록 부당이득을 극대화할 수 있는 것입니다.

그러므로 전환사채가 주식으로 전환된 후에 매도하여 부당이득을 챙기게 되는데 이때는 전환 시기를 전후하여 보통 회사에서 호재성 공시나 IR을 병행하여 전환된 주식을 고가에 매각할 수 있도록 하는 공시나 기사가 쏟아지는 경우가 많습니다.

5) 금융 다단계나 유사수신 업체를 활용한 주가조작

주가조작에는 주식을 매집하거나 매도할 때 주가조작 실행 사실을 은폐하기 위해서 되도록 많은 증권 계좌를 동원하게 되는데, 주가조작 세력들은 이러한 주식 매집·매도 계좌를 확보하기 위하여 금융 다단계나 유사수신 업체들과 손잡고 주가조작을 실행하는 경우들이 있습니다.

이러한 주가 작전의 경우, 주가조작 참여자들은 그 종목의 매집이나 매도 시점에 대한 정보 제공을 유사수신 업체나 금융 다단계의 조직도에 따라서 결정하고, 주가조작의 수익 배분 방식에서도 매수나 매도 시기를 차별화함으로써 부당이득 배분에 차등을 두게 됩니다.

6) 회사의 경영권을 고가에 매도하기 위한 주가조작

개인적으로는 이 수법이 주가조작을 통한 부당이득을, 합법을 가장하여 가장 악랄하게 챙기는 수법이라고 생각합니다. 보통 이 수법은 큰 자금주와 주가조작 세력이 치밀한 계획으로 작전을 진행하게 되는데, 껍데기만 남은 회사를 헐값에 먼저 인수하면서 작전은 시작합니다. 그 후 작전 세력이 경영권을 장악하고 회사 내부의 극한 구조조정으로 필수 인력을 뺀 노동자 대부분을 해고하여 회사의 운영 경비를 최소한으로 한 다음, 외부의 자금주는 증자나 전환사채 인수 형식으로 그 회사에 자금을 집어넣으면서 회사 안에 현금성 자산을 쌓아 놓게 됩니다.

극단적으로 예를 들어 본다면, 이 같은 방식을 의도한 주가조작 세력들이 껍데기뿐인 회사를 주당 1만 원에 50만 주를 인수하여 50억 원의 인수 비용을 사용했다면, 인수 후에는 회사에 300억 원의 현금성 자산을 쌓아 놓은 후 주당 1만 원짜리 주식을 주당 10만 원까지 끌어올립니다. 그 후 기존 세력들은 이 회사를 주식시장의 또 다른 무자본 M&A 세력들에게 시장가인 주당 10만 원(총액 500억 원)과 별도의 경영권 프리미엄을 받고 매각하게 되는데 이때 기존에 인수한 세력들은 새로 회사를 인수하는 무자본 M&A 세력들에게 넘겨주는 대주주 지분을 담보로 하고 인수 자금까지 형식적인 제3자를 통해서 대여해 주면서 무자본 M&A를 부추기게 됩니다.

결국, 새롭게 회사를 인수한 무자본 M&A 세력들은 무자본으로 회사를 인수한 후 담보로 잡혀 있는 대주주 주식을 회수하기 위하여 회사 내부에 쌓아 두었던 현금성 자금 300억 원을 각종 신규 투자나 자회사 인수 방법으로 빼돌리게 됩니다. 그렇게 빼돌려진 회사의 현금성 자산은 회사의 경영권을 매도하고 빠져나간 기존의 작전 세력들에게 차용한 인수자금을 변제하는 데 쓰이므로 결국 회사는 또다시 껍데기 회사로 전락하고 마는 것입니다.

결과적으로 이 같은 작전을 처음 기획한 '기존 경영 세력들'은 새로운 무자본 M&A 세력이 회사를 인수할 자금 조달 능력이 거의 없다는 것을 알면서도 자신들이 아닌 다른 세력들의 손을 빌려서 회사 자금을 횡령 또는 배임하는 것과 같은 결과를 낳게 되는데, 이 같은 수법을 찾아내서 처벌하기란 쉽지 않습니다. 때에 따라서는 이 같은 수법을 벌인 후, 수사망을 피하기 위해서 중국 동포나 외국인을 대표이사나 새로운 인수자로 내세우기도 합니다.

● 회사의 경영권을 고가에 매도하기 위한 주가조작 진행도

7) 각종 '테마'를 활용한 주가조작

주식시장에는 여러 가지 '테마주'가 형성되고는 하는데, 그중에서도 가장 많이 활용되는 것이 '정치인 테마주'입니다. 하지만 이러한 정치인 테마주는 테마의 실체가 불분명하고, 이러한 테마주의 형성은 오히려 주가조작 세력들에게 자신들의 인위적 주가조작 범죄 행위에 대하여 '알리바이'를 조작하기 위한, 즉 해당 주식의 상승이 자신들의 인위적 상승이 아니라 '테마주 편입 또는 형성'에 의해서 상승한 것이라는 은폐의 빌미를 만들고 또한 이러한 테마주 이슈를 이용하여 매집했던 물량을 고가에 매도하고 부당이득을 극대화하려는 것에 지나지 않습니다.

과거 '테마주'를 이용하여 대규모 주가조작을 벌였던 것이 바로 '재벌 3세 테마주'였습니다. 당시 이러한 '재벌 3세 테마주'를 주도하면서 대규모 주가조작으로 유명세를 탔던 인물들은 범LG가(家) 3세로 분류되는 구본호 씨와 두산가 4세인 박중원 씨입니다.

재벌 3세 테마주가 한창 시장의 주목을 받을 때인 2007년경, 구본호 씨가 인수한 레드캡투어 등의 종목은 회사의 실적이나 내재적 가치와는 무관하게 주식 가격이 급상승하여, 한때는 구본호 씨가 '미다스의 손'으로 불리기도 했지만 결국 검찰의 수사 결과 주가조작 세력과 결탁한 것으로 밝혀져 구속되어 실형을 선고받기도 했습니다. 박중원 씨 역시 '뉴월코프'라는 코스닥 업체를 이용하여 주가조작을 실행하였고, 여러 개의 또 다른 코스닥 상장회사들도 이 사건에 관여한 것으로 밝혀졌으며 박중원 씨도 구속된 후에 실형을 선고받기도 했습니다.

이런 '재벌 3세 테마주'에 등장하는 재벌가의 인물 대부분은 재벌의 경영권 승계 과정에서 소외된 인물들인데, 주가조작 세력들은 이러한 재벌 3세들에게 접근하여 마치 재벌 기업에 "해당 회사가 인수되어 재벌 오너로부터 특별한 지원을 받을 것이다."라는 시장의 기대 심리를 이용하여 주가조작을 진행했던 것입니다.

주가조작에 가담했던 재벌 3세들은 자기 선친들이 누렸던 부와 자본 권력에 대한 향수를 되찾아 보겠다는 욕망과 목표를 가지고 주가조작 세력들과 결탁하여 범행에 가담했던 것으로 보입니다. 하지만 특별한 경영 능력이 없었던 이들의 목표는 물거품이 되었고, 결국은 일반 투자자들에게 막대한 피해를 안겨준 후 구속되는 것으로 막을 내렸습니다.

● 재벌 테마주에 관한 기사

[출처 - https://www.asiae.co.kr/article/2015052011083420562]

[출처 - https://www.nocutnews.co.kr/news/512207]

[출처 - http://www.sisajournal.com/news/articleView.html?idxno=121838]

따라서 이러한 테마주의 일반적인 성격은 대부분 허상의 그림일 뿐이고, 시장에서 '테마주'에 편승한 회사가 경영 실적이 부진하거나 경영진의 실체가 모호할 경우에는 더욱 위험하다고 보아야 할 것입니다.

8) IR 업체를 활용한 주가조작

IR(Investor Relations)은 일반적으로 투자자들을 대상으로 하는 '기업 설명회'를 말합니다. 하지만 주가조작 세력들은 이러한 IR을 여러 가지 목적으로 주가조작에 활용하고 있습니다.

해당 회사(주가조작 대상 업체)가 IR(Investor Relations)을 목적으로 할 때, IR 행사를 전문으로 컨설팅을 하는 업체를 섭외하여 진행하는 것이 일반적입니다. 그런데 이러한 형식을 포장하여 주가조작이 일어나게 되는데 개인적으로는 가장 교묘한 기법의 주가조작 형태라고 생각됩니다.

이 형태의 기본적인 구조는 해당 업체가 IR(기업 홍보) 업체와 계약을 맺고, 거액의 IR 비용을 지급하면서 회사의 여러 가지 홍보성 재료들을 IR(기업 홍보) 업체에게 전달하면 IR(기업 홍보) 업체와 연결된 주가조작 세력들이 비용과 재료를 받아서 인위적으로 주가를 띄우는 방식으로 이루어집니다.

● 일반적인 IR 진행도

| 01 | 02 | 03 | 04 |
| 해당 회사, IR 계획 수립 | IR 업체 섭외 | IR 업체와 기업 설명회 용역 계약 | IR 업체, 기업 설명회 개최 |

일반적인 기업 설명회는 상장회사뿐만 아니라 비상장회사에서도 건전한 투자 자금을 유치할 목적으로 자주 개최되기도 하는데, 일반적인 진행도는 위와 같습니다.

● IR 업체를 활용한 주가조작 진행도

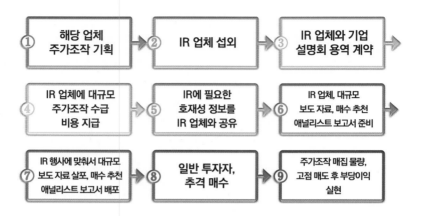

IR 업체를 활용한 주가조작을 진행하는 가장 중요한 목적은 주가조작의 범죄를 은폐하기 위한 것입니다.

첫 번째(③~④번 구간): 주가조작에는 거액의 주가조작 비용(일명 '수급 비용'이라고 합니다)이 먼저 소모되는데 주가조작의 해당 업체와 주가조작 조직 사이에 주가조작의 비용을 지급하는 금전 거래가 발생하게 되면 그러한 금전 거래 자체가 범행을 적발하는 단서가 되기 때문이기도 하고 그 금액 자체가 횡령이나 배임죄에 해당합니다. 이러한 주가조작의 비용을 IR 용역 컨설팅 비용으로 포장하여 IR 업체와 계약을 맺고 대규모 자금을 지급함으로써 주가조작 범행을 은폐하는 것입니다.

IR 용역 컨설팅 비용은 주가조작 해당 업체의 발행주식 수나 통제되는 물량 등에 따라서 천차만별이지만 코스닥 업체의 IR 업체를 활용한 주가조작에는 일반적으로 최소 수억 원에서 수십억 원의 IR 비용으로 위장하여 지급하기도 합니다.

주가조작에 가담하는 IR 업체는 대부분 주가조작 세력들과 네트워크가 되어 있는데, IR 업체는 해당 업체로부터 'IR을 위한 비용으로 포장'하여 지급 받은 비용을 자신들이 남겨야 할 수익은 챙기고 주가조작 세력들에게 분배하여 지급함으로써 주가조작 실행을 준비합니다.

두 번째(⑤~⑥번 구간): 이 구간에 주가조작에 필요한 재료에 대한 정보를 공유하고, 이렇게 공유한 정보를 바탕으로 IR 업체는 그 회사와 거래하는 주식시장에 기생하는 기자들에게 비용을 지급하여 보도와 기사를 준비합니다. 또한 증권사나 투자자문사의 애널리스트로 하여금 '매수 추천 애널리포트'를 준비하게 됩니다. 이 과정에서 파생적으로 주식시장에 기생하는 기자들 역시 자기들 차명계좌를 이용하여 회사 내부의 미공개 정보를 이용한 매수에 참여하는 경우가 대부분이고 또한 보도나 기사, 애널리포트의 발표 시점을 서로 공유하기 때문에 각자의 이익을 위해 매매를 하여 부당이득을 취하고는 합니다.

세 번째(⑦~⑨번 구간): 주가조작의 해당 업체와 주가조작 세력들은 서로 합의된 기간과 합의된 가격대에서 일반 투자자들의 추격 매수를 부추긴 후 자기들 물량을 매도함으로써 부당이득을 극대화하게 됩니다.

IR 업체를 활용한 주가조작의 궁극적인 목적은 '주가조작 행위를 은폐하기 위한 것'입니다. 그래서 주가조작 행위자들은 주가의 상승 원인이 인위적인 것이 아니라 IR(기업 홍보)를 통한 주식시장에서 '자연적으로 상승'했다고 포장될 수 있다고 판단합니다. 결국 IR(기업 홍보)은 주가조작 알리바이를 만들어 주는 결과를 낳은 것입니다.

또한 이러한 주가조작 수법을 사용하는 것은 실제 수사에서도 사건 전체를 파악하여 수사하기에는 매우 어려운 현실이고, 금융감독당국이나 수사당국에서도 주가조작에 가담한 언론사나 기자들을 수사하는 것 자체를 꺼리게 되므로 이들의 범죄는 '완전 범죄'로 끝나는 경우가 많습니다. 그리고 때로 주식시장에서 기생하는 '기레기' 중에서는 자기들이 회사 정보를 유통하는 과정에서 확보한 기업의 비리나 불법 사항 등을 가지고 그 기업을 찾아가 협박하여 광고비를 챙기는 경우도 자주 목격됩니다. 일반적으로 이러한 '기레기'가 있는 언론사일 경우, 기자가 광고를 직접 수주해 오면 수주한 광고비의 상당액을 수당으로 지급하기 때문입니다.

주가조작은 앞서 설명했듯이 주가를 올리는 것 보다는 매집한 물량을 고점에서 매도하는 것이 가장 중요한 포인트이기 때문에 이 방식은 '상승형 주가조작'의 여러 가지 형태와 종류에 복합적으로 활용되기도 합니다. 그러나 대부분은 주가조작 세력이 매집한 물량을 고점에서 일반 투자자들을 끌어들인 후 매도하여 부당이득을 취할 악의적 목적으로 사용하는 경우이고 지금도 그런 일은 자주 벌어지고 있습니다.

주가조작 선수들의 진화

한 사회 안에서 벌어지는 거의 모든 범죄는 진화(進化)합니다. 그중에서도 주식시장 안에서 벌어지는 주가조작 등 기업 범죄는 언제나 법과 규제가 따라올 수 없을 만큼 빠르게 앞서가면서 진화하고 있습니다.

2019년 중반에 주식시장을 초토화하면서 1만 명 이상의 피해 주주를 발생시킨 사건이 있었습니다. 이른바 '개미 도살자'라는 별칭이 붙여진 사건입니다.

연쇄 기업사냥 1만명 울린 '개미 도살자'

[출처 - https://www.hankookilbo.com/News/Read/201906281473392654]

이 사건은 '옵티머스펀드 사건'과도 연결되어 있습니다.

'옵티머스 게이트'의 시작점, 해덕파워웨이의 잔혹사

[출처 - https://www.sisajournal.com/news/articleView.html?idxno=206791]

이 사건에 등장하는 핵심 인물 A 씨는, 이미 2007년에 초유의 주가조작 사건이었던 '아이콜스그룹 주가조작 사건'에 가담했던 팀의 일원이었습니다.

UC아이콜스 주가조작사건 140개계좌 동원한 조직범죄

[출처 - https://www.mk.co.kr/news/society/view/2007/10/565655/]

이렇듯이 주가조작 등 기업 범죄들은 마약 범죄 다음으로 재범률이 높을 뿐만 아니라, 사회적인 파장은 마약 범죄를 훨씬 뛰어넘는 범죄 유형입니다. 주가조작 등 기업 범죄가 재범률이 높은 이유는 기업 범죄로 얻어지는 부당이득금의 규모가 상상을 뛰어넘는 금액이고, 전관 변호사 등이 사건에 개입하면 처벌은 범죄 행위에 비해 미미하기 때문입니다.

2020년 초, 대한민국 금융가를 들썩이면서 수만 명의 피해자와 수조 원의 막대한 피해 금액을 발생시켰던, '라임 사태'의 실체가 세상에 드러나기 시작했습니다. 이 사건은 '김봉현 회장 편지'라는 사건으로 확대되고, 검사들의 룸살롱 접대로 유명해진 '99만 원 불기소 세트'라는 단어를 생산해 내기도 했습니다. 하지만 이 사건의 깊은 곳에서는 역시 주식시장 선수들의 진화(進化)된 모습을 볼 수 있었습니다.

'라임 사태'의 초창기에는 대부분 그들의 실체를 파악하지 못하고 있었고, 이 사건의 주범을 스타모빌리언의 김봉현 회장으로만 주목하고 있었습니다. 하지만 이 사건의 근본적인 배경에는 주식시장에 오랜 기간 기생해 왔던, 무자본 M&A 세력들과 주가조작 선수들이 있었습니다.

이 글을 쓰는 순간까지도 검거되지 않은 Y 씨, 그는 이미 주식시장의 선수들에게는 유명인이었습니다. Y는 2006년경 '스타엠'이라는 회사를 '반포텍'이라는 코스닥 회사와 합병하는 과정에서 큰돈을 벌어들이기도 했고, 그때는 유명 탤런트와 결혼하여 세상의 이목을 끌기도 했지만 그 후 줄곧 몰락의 길을 걸으면서 몇 번 구속을 당하기도 했습니다. Y는 그렇게 힘든 시기를 지내 오다가 라임펀드 운영자들과 결탁하면서 라임펀드의 자금을, 주가조작을 전제로 부실한 코스닥 회사의 전환사채에 투자하도록 했습니다. 이 형식은 그가 직접 만들어 낸 새로운 구조의 금융 상품으로, 이를 통해서 막대한 부당이득을 챙겨오면서 '라임 사태'를 더욱 키운 장본인으로 지목되고 있습니다.

Y는 자신이 경영하던 회사에 라임펀드 자금을 끌어들인 것은 물론이고, 자금이 필요한 부실한 상장회사에 라임펀드 자금을 유치해 주는 조건으로 라임펀드로부터 끌어들인 자금의 10%가량을 불법 수수료로 챙겼습니다. 이러한 방법으로 막대한 부당이득을 챙겨 왔던 것이고, 그만큼 라임펀드 자체는 더 깊은 부실의 늪으로 빠지게 되어 버린 것입니다.

위의 사례에서 보듯이 기업 범죄의 진화는 더 큰 사회 문제로 발전하게 되는 것이고, 이를 '옵티머스펀드 사건'과 '라임펀드 사건'에서 단적으로 보여 주고 있는 것입니다.

4장

유명 애널리스트와 주식 범죄

#애널리스트   #주식방송   #욕망

자세히 보기 >

유명 애널리스트

　주가조작 사건에서 종종 공범으로 등장하는 사람들이 바로 '유명 애널리스트들'입니다. 유명 애널리스트들은 자신이 직접 관리하는 회원들을 이용하여 주가조작 세력들과 결탁해 범죄를 저지릅니다.

　유명 애널리스트는 오랫동안 주식시장에서 활동하면서 서서히 영향력을 넓혀 가면서 유명해지기도 하지만, 때로는 주식방송에 혜성(彗星)처럼 등장하기도 합니다.

　여러 채널의 주식방송에서는 큰 금액의 상금을 내걸고 이벤트성 수익률 대회(일정 기간의 투자 기간을 설정하고, 그 기간 안에 많은 수익률을 내는 투자 전문가를 선발하는 대회)를 개최하여 재야 고수를 스타로 만들어 내기도 합니다. 이러한 주식방송의 수익률 대회에서 유명 애널리스트로 등장한 인물들이 있는데, 그 대표 인물을 들자면 일명 '청담동 주식부자 이희진'*과 여러 주가조작에 개입했던 'Choi'입니다.

　유명 애널리스트가 되면 그때부터는 일반 투자자들을 대상으로 투자자 클럽이나 동호회 형식의 외형을 갖추고 '유료 회원'을 모집하여 운영하게 되는데, 많게는 월 수백만 원의 회비를 받고 VVIP 회원을 모집하여 투자자 클럽을 운영하기도 합니다.

　청담동 주식부자 이희진의 경우에는 고액의 월 회비를 내는 VVIP 회원 수가 최고 5천 명 가까이 이르기도 했습니다.

---

　* 청담동 주식부자의 경우는 주로 비상장회사의 종목을 발굴하여 추천하는 쪽으로 영업 방식을 바꾸기도 했습니다.

투자자 클럽을 운영하는 유명 애널리스트는 회원들로부터 '신 또는 우상'과 같은 대우를 받고는 합니다.

기복 신앙 분위기가 강한 대한민국에서 교회나 절에 가서 "복을 내려 달라."거나 "부자가 되게 해 달라."라고 며칠이나 몇 달씩 간절하게 기도를 한다고 해도 그 기도에 대한 신의 응답은 늦거나 오지 않는 경우가 대부분입니다.

하지만 주식시장에서는 능력이 있다고 보이는 애널리스트가 특정한 주식 종목을 추천해 준다면 그 종목 주가가 상승하고 그 과정에서 즉시 현금 수익이 나게 되니 회원들 처지에서는 교회나 절에서 헌금이나 시주를 하는 대신 애널리스트에게 매월 고액의 회비를 지급하고 종목을 추천받는 것이 더 효율적으로 '복을 받을 수 있는 수단'이라고 생각합니다.

1.
우상의 생성과
몰락

❶ 주식시장에서는 우상처럼 추앙받던 수많은 스타 애널리스트가 탄생하고 또 몰락했습니다. 대부분의 유명 애널리스트의 몰락하는 과정은, 주가조작 세력의 유혹이나 애널리스트 본인이 더 큰 부에 대한 욕망을 떨쳐내지 못한 경우가 많습니다. 그래서 자신의 영향력을 이용하여 주가조작 세력으로부터 거액의 부당이득을 받거나 부당이득을 받는 조건으로 그 범행에 개입하여 처벌을 받는 것으로 몰락은 마무리됩니다.

❷ 주식시장에서 우상의 생성 과정은 이렇습니다. 어느 정도 주식시장 구조를 파악하고 있는 애널리스트가 몇몇 증권방송에 출연하면서 유명세를 치르게 되고 일반 투자자들의 신뢰를 얻게 됩니다. 그러면 애널리스트는 '당장 망하거나 사고가 나지 않는 발행주식 수가 적은 종목'을 추천합니다.

❸ 그러면 일반 투자자들은 그 애널리스트를 믿고, 추천받은 종목을 매수하게 됩니다. 이렇게 일반 투자자들의 많은 매수세가 추천 종목에 몰려들게 되면, 그 주식은 당연히 급격하게 상승하게 되고, 그 종목의 내부 상황이나 전체 주식시장 장세에 따라서는 연일 상한가를 가는 때도 있습니다.

❹ 이러한 형식의 매매가 몇 차례 반복되면서 투자자 클럽의 회원들은 자신들의 매수세로 인하여 주가가 상승했다는 것은 미처 생각하지 못하고 그 종목을 추천해 준 애널리스트에게 '특별한 능력'이 있는 것으로 착각하게 됩니다.

❺ 이런 주가 상승 현상을 반복해서 경험한 유명 애널리스트의 투자자 클럽 유료 회원들은 그 애널리스트를 신이나 우상처럼 추앙하게 되고, 그 애널리스트는 유명세를 떨치고 그 덕분에 스스로 영향력을 더욱 키워가면서 부와 명성을 쌓게 되는 것입니다.

❻ 처음에는 그 애널리스트가 추천해 준 종목에 대해서, 투자자 클럽 회원들 스스로가 비판적인 시각에서 검토해 보기도 하지만 위와 같이 추천 후에 상승 현상이 반복되고 애널리스트의 명성이 커지면서, 나중에는 그 애널리스트가 추천하는 종목이라면 마치 사이비 교주의 지시에 끌려다니는 것처럼 무비판적인 매매를 하게 됩니다.

❼ 이 정도의 상황이 되면 유료 회원들의 수와 충성도가 높은 애널리스트에게 주가조작 세력들이 접근하기도 하고, 또는 탐욕의 유혹을 이기지 못한 애널리스트 스스로 주가조작 세력들에게 먼저 다가가기도 합니다.

그럼, 여기서부터는 차트 자료를 하나 펼쳐 놓고 설명하기로 하겠습니다.

애널리스트의 설명을 위한 차트

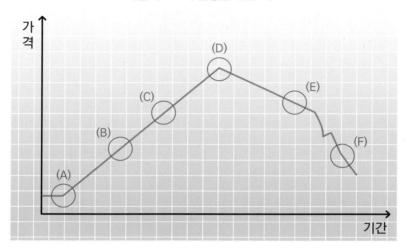

❽ 애널리스트는 공개적이거나 비공개적으로 회원들의 등급을 정하고 관리합니다. 이때 고액 월 회비를 내는 최고의 VIP들에게는 A 지점에서 종목의 정보를 제공합니다.

하지만 때로는 애널리스트가 직접 관리하는 차명계좌를 이용하여 이 지점에서 애널리스트 스스로 선행 매수를 해 놓고, VIP들에게는 B 지점에서 종목 정보를 제공하기도 합니다.

그 후 그다음 등급 회원들에게는 C 지점에서 종목 정보를 제공하게 됩니다. 이렇듯 회원들 등급에 따라서 종목 정보를 제공하는 시점을 달리하면서 관리합니다. 때에 따라서 아주 가끔 회원들의 환심을 사는 차원에서 후순위 등급 회원들에게도 VIP 회원들과 똑같이 A 지점에서 종목 정보를 제공하기도 합니다.

이렇게 유명 애널리스트가 자신이 관리하는 회원들에게 저가에 그 종목을 선행 매수하도록 한 후에는, D 지점에서 공개적인 방송이나 언론 등에 등장하여 그 종목을 추천하고 이와 동시에 자신이 관리하는 회원들에게는 매도 신호를 보내서 회원들이 고가에 매도하여 수익을 얻을 수 있도록 하는 것입니다.

❾ 유명 애널리스트가 주가조작에 결탁하여 범죄에 가담하는 경우에는 보통 먼저 거액의 작업 비용을 받고 시작하거나 주가조작을 통해서 벌어들이는 부당이득을 나누어 챙기기로 약속하고 주가조작을 진행합니다.

앞서 모든 '상승형 주가조작'에서는 주식의 가격을 올리는 것보다도 매집한 주식을 고점에서 매도하는 것이 '성공한 주가조작'이라는 것을 설명해 드렸습니다.

먼저 주가조작 세력들은 A와 B 지점에서 물량을 매집합니다(전환사채 작전이나 워런트 풀어먹기 작전에서는 고가에 매도하여 부당이득을 취할 물량—모찌계좌—매집은 필요하지 않습니다). 그 후 유명 애널리스트는 자신이 관리하는 회원들에게 'C에서 D' 지점까지 적극적으로 매수할 것을 추천합니다. 그 후 D 지점에서 주가조작 세력들이 대량으로 물량을 팔아 치울 시기가 되면, 유명 애널리스트는 자기 회원들에게 더욱 적극적으로 매수할 것을 주문합니다. 즉, 주가조작 세력들이 매도하는 물량을 자기 회원들로 하여금 모두 받아 내도록 하는 것입니다.

주가조작 세력들이 대규모로 물량을 쏟아 내서 주가가 E 지점까지 하락하고 있을 때에도 유명 애널리스트는 자기 회원들에게 "보유하고 있는 주식의 물량을 매도하지 말고, 자금 여유가 있으면 추가 매수하라."라는 저가 물타기 주문까지 내립니다.

결국 주가조작 세력들이 물량을 모두 매각한 후 그 종목의 주가가 F 지점까지 하락하게 되지만, 이러한 상황에서도 주가조작 범죄 행위가 밝혀지기 전까지 유명 애널리스트는 자기가 관리하는 회원들에게 변명으로 일관하면서 아무 책임도 지지 않습니다. 그리고 피해를 본 회원들의 비난을 피하기 위하여, 다시 기존 '회원 관리 패턴'으로 돌아가서 다른 종목을 추천하면서 무마 작업을 진행합니다.

❿ '❾'의 수법은 2015년 유명 애널리스트가 개입했던 《스포츠서울》 주가조작 사건에서 수사로 밝혀졌던 '실제 사건의 예'입니다. 이 사건에 개입했던 '쌍둥이 Choi'는 그 사건이 밝혀지기 전까지만 하더라도 유명한 주식방송 TV에서 수익률 1위의 유명 애널리스트였습니다. 한때는 청담동 주식부자 이희진이 '쌍둥이 Choi'에게 밀려 줄곧 2위를 했습니다.

● 주의해야 할 점: 주식 수가 적은 종목을 그 주가가 고점에 있을 때, 애널리스트가 적극적으로 매수 추천을 하는 경우가 있다면 일반 투자자들은 그 종목을 좀 더 면밀하게 검토한 후에 내부 리스크나 고점 리스크를 감안하고 매매에 임해야 할 것입니다.

2.
주식방송들의
폐해

    그동안 주식시장에서는 주식방송에 출연한 유명 애널리스트의 종목 추천으로 인한 일반 투자자들의 피해가 끊임없이 발생하여 왔지만, 정작 그 주식방송에 대한 직접적인 처벌은 벌금이나 과태료 수준에 지나지 않았습니다.

    대형 주식방송의 경우 유명 애널리스트를 출연시킴으로써 발생하는 수익을 보통은 5:5, 6:4 또는 7:3의 비율로 방송사가 챙기면서 막대한 수익을 얻고 있습니다.

    주식시장의 정보로는 한때, 한 경제매체가 거둬들이는 전체 순수익의 20% 이상을 '청담동 주식부자 이희진'이나 '쌍둥이 Choi'가 벌어들인다는 얘기가 있을 정도였습니다.

    유명 애널리스트가 주가조작에 개입했을 때 그 애널리스트는 주식방송을 활용하여 주가조작을 벌였지만 유명 애널리스트와 함께 막대한 수익을 나누어 갖는 주식방송이나 주식방송을 운영, 관리하는 사람들에 대한 처벌은 거의 없다고 해도 과언이 아닙니다.

주가조작 사고가 발생한 주식방송은 여러 차례 같은 사고가 발생하여도 제대로 된 사과나 재발 방지책을 마련하지 않고, 방송 운영자나 방송 제작자에게도 별다른 제재 없이 같은 일이 되풀이되고 있는 게 현실입니다.

피해자들이 주식방송을 상대로 할 수 있는 일은 민사소송이 대부분이지만 승소할 확률도 적고, 승소한다고 해도 피해 금액의 일부만 배상을 받는 현실이어서 금융감독당국이 주식방송에 대한 관리 방안을 강구하고 있지만 아직은 구호에만 그치고 있는 실정입니다.

● 주식방송의 문제점 기사

[출처 - https://news.kbs.co.kr/news/view.do?ncd=2594505]

[출처 - https://www.mk.co.kr/news/special-edition/view/2013/02/82985/]

[출처 - http://www.skyedaily.com/news/news_view.html?ID=67153]

[출처 - http://www.hani.co.kr/arti/society/society_general/537641.
html#csidx03271dd6e0f0eb9ad6ab57291d6de67]

자격 없는 금융투자 비전문가, 방송 출연 막는다

김관영 의원, 법률개정안 발의…불법 유사투자자문업 원천 차단

[출처 - http://www.dhdaily.co.kr/news/articleView.html?idxno=2927]

금감원, 불공정거래 발생 증권방송 내부통제 강화 당부

[출처 - https://www.consumernews.co.kr/news/articleView.html?idxno=528663]

3.
애널리스트의
욕망과 자격

애널리스트(Analyst)는 '분석하다'라는 뜻의 애널라이즈(Analyze)에서 유래한 말입니다.

주가조작 등 문제가 되는 애널리스트는 사설 애널리스트가 대부분이지만, '디지텍시스템즈 사건'*에서 드러났듯이 증권사나 자산운용사 등에 소속된 애널리스트나 펀드매니저 역시 주가조작 세력의 포섭 대상이 되거나 스스로 주가조작에 가담하는 경우도 드물지 않게 발생합니다.

일반 투자자들은 주식시장의 시황이나 종목 분석에 전문적인 지식이 있다고 알려진 애널리스트의 판단을 상당히 신뢰하는 편입니다. 하지만 제가 주식시장에서 경험한 바로는 애널리스트가 일반 투자자들의 신뢰를 저버리는 경우를 많이 보았습니다.

---

* 다수의 펀드매니저와 애널리스트가 주가조작 세력으로부터 수십억 원의 뒷돈을 받고 코스닥 상장회사이던 회사의 주가조작에 가담했던 사건입니다.

디지텍시스템즈 '주가조작' 펀드매니저 9명 구속...수십억원 '뒷돈'

[출처 - https://news.mt.co.kr/mtview.php?no=2016010610311990455]

애널리스트들이 주가조작의 조직적 범죄에 직접 가담하지는 않더라도 지금과 같은 대규모 자본이 거래되는 주식시장에서 자신들의 영향력을 이용하여 부(富)를 얻고자 하는 유혹은 사라지지 않습니다.

또한 애널리스트 대부분 대형 증권사나 자산운용사, 펀드운용사 등에 소속되어 있으므로 자신이 소속된 기관의 이익을 내기 위하여 자신의 직업 영향력을 부당하게 행사할 수 있는 구조도 현실입니다.

더욱 엄격한 직업윤리가 필요한 법조인에게서조차 찾아보기 힘든 요즘 대한민국 현실에서, 늘 자본의 탐욕에 둘러싸여 생활하고 있는 애널리스트들에게 '직업 윤리'를 강하게 요구하는 것이 그나마 주식 시장에 참여하고 있는 일반 투자자들이 품을 수 있는 간절한 희망일 것입니다.

5장

비상장주식의 거래와 조작

#비상장주식   #장외주식시장   #주식회사

자세히 보기 >

1.
비상장주식이란?

일반적으로 주식을 구분할 때, 상장주식과 비상장주식으로 구분을 합니다. 상장주식은 일정한 상장 기준에 맞춰서 불특정 다수가 거래를 할 수 있도록 한 주식이고, 비상장주식은 상장주식 이외의 주식을 통칭하는 것입니다.

상장(上場)은 말 그대로 그 주식을 누구나 사고팔 수 있도록 "장에 내어놓는다."라는 뜻입니다. 상장의 다른 표현으로는 기업공개(企業公開) 또는 IPO(Initial Public Offering)라고도 하는데 그 의미는 상장과 다르지 않습니다.

이번 '5장'에서는 비상장회사 주식의 거래 방식이나 거래 구조, 장외시장의 구조와 조작 형태 등에 대해서 이야기하도록 하겠습니다.

2.
비상장주식의
형태와 거래

1) 비상장주식의 주권

일반적으로 '주권(株券, Share certificate=영국, Stock certificate=미국)'이라고 하면 주식회사의 소유권을 증서 형태로 발행한 것을 말하는데, 비상장회사의 주권은 '통일주권'과 '주식 미발행 확인서'로 나뉩니다.

2) 통일주권

우리가 일반적으로 알고 있는 '10주권, 100주권, 1000주권' 등 증서 형태로 발행하여 그 회사의 소유권을 거래하기 쉽도록 만들어 놓은 것을 말하는 것입니다.

통일주권의 경우, 증권 계좌를 통한 입고, 출고, 계좌 이체 등으로 거래와 보관이 쉽고 비상장주식이라고 하더라도 통일주권은 다른 사람과 거래를 진행할 때는 증권 계좌를 통하여 입고와 계좌 이체로 거래를 할 수 있습니다.

상장회사 주식은 모두 통일주권으로 발행되는데, 상장주식은 불특정 다수와 거래가 이루어지는 반면에 비상장주식은 통일주권이라고 하더라도 거래 당사자의 합의에 따라 '당사자 거래'로 이루어집니다.

3) '주식 미발행 확인서'란?

장외주식은 대부분 '주식 미발행 확인서' 형태로 거래되는데, 회사의 소유권을 증명하는 주식에 대하여 문서 형태로 그 회사에서 발행해 주는 것을 말합니다. 주식 미발행 확인서를 가지고 비상장주식 거래를 할 때는 모두 매수자와 매도자의 합의에 따라 거래가 이루어지는 '당사자 거래'인데, 매수자는 매도자가 소유한 미발행 확인서를 수령하고 주식 미발행 확인서에 대한 진위 여부를 그 회사에 확인하여야 하고, 매수자는 주식 미발행 확인서를 발행한 회사의 주주명부에 자기 명의를 기재하도록 요청하여 그 회사 주주명부에 자기 이름이 등재되었을 때 거래가 완성됩니다.

주식 미발행 확인서에 의한 주식 거래의 구조

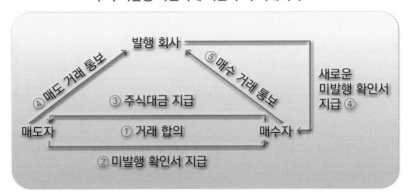

장외시장에서 거래되는 대부분의 주식이 '통일주권'이 아닌 '주식 미발행 확인서' 형태로 거래되는 이유는, '통일주권'을 발행하려면, 그 회사의 자본금 규모가 10억 원 이상이어야 하고, 회계감사를 외부 회계법인에 맡기는 '외감법인'이어야 하기 때문입니다. 대부분의 장외기업은 자본금 규모가 소규모인 스타트업 회사인데 통일주권을 발행하려면, 외부 회계감사와 통일주권 발행 비용, 통일주권의 유통 관리 등에 많은 비용이 들기 때문이기도 합니다.

4) 자본금 규모가 큰 비상장 주식회사

재벌 기업의 모회사나 자회사 중에는 자본금 규모가 큰데도 상장을 하지 않고 비상장회사로 유지하는 경우가 있습니다. 그 이유는, 상장회사가 되었을 때 금융감독당국의 까다로운 통제나 규제를 받아야 하고 또한 이익률이 높은 비상장회사라면 주주 배당 등으로 대주주 스스로 이익을 극대화할 수 있기 때문입니다.

상장회사와 비상장회사의 비교

구분	시장 참여자	감독 기관	비고
상장 주식시장	증권사, 각종 연기금, 창투사(VC), 각종 사모펀드, 개인 투자자 등	증권거래소, 금융감독원, 검찰, 경찰, 외부 회계법인 등	자본시장법상 공시의무 등을 통한 법률적 관리. 금융감독원과 증권거래소 차원의 펀드매니저, 금융기관 종사자들에 대한 관리 감독.
비상장 장외시장	창투사(VC), 장외주식 거래업자, 엔젤(angel) 투자자, 개인 투자자	창투사(VC)를 중소기업청이 관리하는 것 이외에는 감독기관 전무	공시의무가 전혀 없고, 중소기업청의 사무관 2, 3명이 전체 장외시장의 주축인 창업투자회사를 관리 감독하는 것이 전부인 상황

그 대표적인 회사로는 제일모직과 합병을 하여 우회 상장한 삼성의 에버랜드가 오랜 기간 비상장회사였습니다. 삼성에버랜드가 비상장회사로 있을 때 이재용 부회장은 에버랜드의 전환사채를 활용하여 엄청난 부를 취할 수 있었습니다.

● 삼성에버랜드 전환사채(CB) 발행 사건

1996년 12월, 삼성에버랜드 주식으로 바꿀 수 있는 전환사채를 기존 주주가 인수를 포기하자 이재용 씨에게 배정하였는데 2000년 법학 교수들이 주식 발행 절차와 가격의 부당성을 근거로 검찰에 고발한 사건으로, 정족수를 채우지 못한 이사회에서 전환사채 발행을 결정하고 전환사채 발행 가격도 정상 가격에 훨씬 못 미치며 전환사채 발행 목적이 자금 조달이 아닌 이재용 씨의 삼성에버랜드 지배권 획득이었다는 점을 근거로 허태학, 박노빈 두 전·현직 사장에게 유죄가 인정된 사건.

* 이재용 씨 지분율 0% → 51%, 정리: 참여연대(2007. 11. 6.)

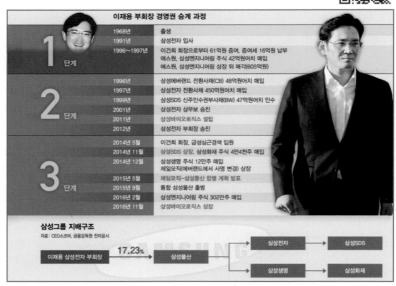

[출처 - http://www.hani.co.kr/P/artRINT/871752.html]

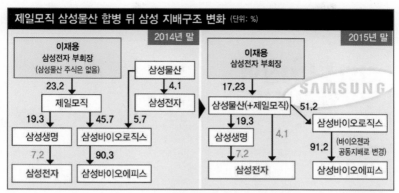

제일모직 삼성물산 합병 뒤 삼성 지배구조 변화 (단위: %)

2014년 말

이재용
삼성전자 부회장
(삼성물산 주식은 없음)

↓ 23.2

제일모직

19.3 ↓   ↓ 45.7   5.7

삼성생명   삼성바이오로직스

7.2 ↓   ↓ 90.3

삼성전자   삼성바이오에피스

삼성물산

↓ 4.1

삼성전자

2015년 말

이재용
삼성전자 부회장

↓ 17.23

삼성물산(+제일모직)   51.2 →   삼성바이오로직스

↓ 19.3   4.1   91.2 ↓   (바이오젠과 공동지배로 변경)

삼성생명   삼성바이오에피스

7.2 ↓

삼성전자

[출처 - http://www.hani.co.kr/arti/society/society_general/960440.html]

3.
장외주식시장의
구조와 참여자들

수많은 창업자가 아이디어와 꿈을 가지고 창업을 시작합니다. 하지만 창업자 대부분은 실패를 경험하게 됩니다. 대한민국에서 '실패'란 단순한 실패가 아닌 인생의 파멸이거나, 가족의 해체를 뜻하기도 합니다. 그러나 벤처투자가 활발한 미국 등에서는 '실패가 스펙'이 되는 경우가 많습니다.

창업에서 사업의 성공에 이르는 과정까지 '전문성, 또는 좋은 아이디어의 사업성'을 창업의 기본적인 요인이라고 봤을 때 사업이 성공하는 가장 중요한 요인은 '투자 유치'입니다.

투자 유치란? 창업 아이디어의 오류를 수정해서 성공에 이르게 하거나 심지어는 실패할 사업 모델도 성공적 모델로 만들 수 있는 절대 조건이기도 합니다. 대규모 투자 자금은 실패한 아이디어도 성공 비즈니스 모델로 만들 수 있는 것입니다.

하지만 대한민국에서 창업자 대부분이 겪게 되는 아픈 경험이 있습니다. 그토록 사업 성공에 절대적인 조건인 투자 유치 과정에서 학맥, 연고, 인맥 등으로 촘촘히 엮인 벤처캐피털(Venture Capital, VC) 시장에서 넘을 수 없는 벽과 맞닥뜨리게 되는 것입니다.

그러한 투자 유치 과정에서 창업자들은 때로 대기업이나 악마와 같은 자본에 자기가 수년 또는 수십 년 일구어 놓은 기업을 통째로 빼앗기거나 핵심 아이디어를 도용당하여 처참한 몰락의 길을 걷기도 합니다.

제가 지인들과 자주 하는 농담 같은 진담 중 하나가 "만약 빌 게이츠나 일론 머스크가 대한민국에서 태어났으면 어떻게 됐을까?"라는 질문입니다.

대부분의 답변은 "부자가 됐겠지."이지만, 제가 지인들에게 들려주는 그 질문에 대한 답은 "빌 게이츠가 대한민국에서 태어났으면 잘해야 용산 전자 상가에서 소프트웨어 프로그램이나 하드웨어 도매상 정도 했을 것이고, 일론 머스크는 진작 자본시장법으로 검찰에 구속되어서 전과자가 됐을 것이다."라는 것입니다. 저는 그동안 자본시장 내부에서 그와 같은 일을 수없이 목격했기 때문입니다.

1) 스타트업(Startup) 또는 벤처기업(Venture Business)의 흥망성쇠

이 내용을 설명하기 위해서 하나의 표를 만들어서 설명해 보겠습니다.

창업과 상장의 기본도

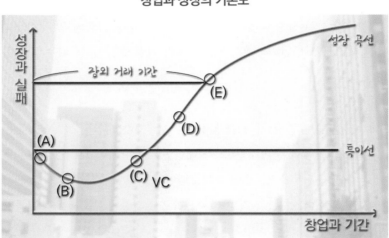

A 지점 – 창업 시점(Gestation)을 나타냅니다. 일반적인 창업의 경우, 창업 단계에서는 특별한 매출이 발생하지 않고 초기 투자 기간이라서 내부 성장은 마이너스(-)를 기록하게 됩니다.

B 지점 – 추가 투자의 시점이고, 이 지점에서 창업자 대부분은 자기 주변의 투자자를 찾거나 엔젤(angel) 투자자를 찾아서 추가 투자 유치를 진행하게 됩니다.

'B와 C의 구간' – 대다수 창업자에게는 죽음의 계곡(Death Valley) 구간이고, 많은 창업자가 이 계곡을 건너지 못하고 실패의 나락으로 떨어지게 됩니다.

C 지점 - 이제 죽음의 계곡을 무사히 넘기고 회사의 매출이 초창기 상
승 곡선을 그리면서 성장의 단계에 들어서는 지점인데, 이 지
점에서 대부분의 창업투자회사(벤처캐피털, Venture Capital, VC)나
기관 투자자의 투자 대상이 되는 시점이기도 합니다. 회사가
VC로부터 투자를 받았다는 것은 그 자체가 회사의 스펙이 되
기 때문에, 많은 창업자가 VC의 문을 두드리게 됩니다.

D 지점 - 회사의 주식이 장외시장에서 활발하게 거래되는 시점이기도
한데, 이 지점에서는 증권사나 금융기관 등 대형 기관 투자자
들이 적극적인 투자에 나서는 지점입니다. 이 지점에서 경영
진들은 회사의 발전 방향을 어떻게 잡아야 할 것인지 깊이 고
민하고 숙고해야 할 때입니다.

E 지점 - 이제 특정한 기관의 투자가 아닌 주식시장에서 직접 주식을
발행하여 자금을 조달할 수 있는 상장, 즉 기업공개(企業公開)
또는 IPO(Initial Public Offering)의 지점이기도 합니다.

· 장외 거래 기간

창업에서부터 상장(上場)까지 일반적인 통계로는 7년에서 12년 정도 기
간이 걸리는데, 상장 직전인 이 기간을 장외 거래 기간이라고 합니다.

· 성장 곡선

창업에서 시작해서 상장에 이르기까지 주식회사의 일반적인 성장 곡선
을 나타냅니다.

· 특이선

특이선의 대상이 되는 비상장회사는 스스로 드러내지 않으려고 하는

비상장회사로 보통 재벌 오너 가족에게 일감 몰아주기 등 특혜로 안정적인 수익이 보장된 회사이거나 굳이 외부로부터 투자를 받을 이유도 없고, 굳이 감독기관의 관리·감독을 받는 주식을 상장하거나 비상장주식일지라도 거래를 할 필요가 없는 주식회사입니다.

이들 회사는 구체적인 회계 내용이나 성장성 등 경영 상태 역시 외부로 잘 알려지지 않았음은 물론이거니와 외부의 회계감사 법인으로부터 회계감사를 받을 특별한 이유도 없습니다.

이미 많은 부를 축적한 사람들은 이런 형식의 비상장 주식회사(법인)를 활용하여 재산을 은폐하거나 비상장주식을 증여·상속함으로써 탈세를 하는 수단으로 사용하기도 합니다.

2) 장외시장의 참여자들

비상장회사의 주식이 거래되는 시장을 장외시장이라고 하는데, 이 장외시장에서 거래되는 주식을 '장외주식'이라고도 합니다.

이 장외주식을 거래하는 당사자들은 회사에 투자했던 창업투자회사와 장외주식을 전문적으로 다루는 '장외업자', 장외주식을 전문적으로 유통하는 '장외주식 전문 유통업자', 그리고 일반 투자자들입니다.

이 시장 구조에서 빠뜨릴 수 없는 곳으로, 장외주식을 거래할 수 있는 '장외주식 거래 전문 사이트'가 있습니다.

3) 장외주식의 거래 구조

장외주식 거래도 1

장외주식 거래도 1은 장외주식이 거래되는 기본 구조이기도 합니다. 장외주식은 '창업과 상장의 기본도'의 C에서 E 지점에서 주로 거래됩니다.

발행회사는 이 구간에서 VC로부터 투자를 받고 새로운 주식(이하 '신주'라고 함)을 발행하게 되거나, 장외업자의 큰손을 통해서 투자를 받고 신주를 발행하게 됩니다.

때로는 큰손의 장외업자가 VC를 발행회사에 소개하여 진행하기도 하는데, 그 과정에서 장외업자나 VC의 핵심 관계자는 발행회사로부터 '투자 유치'에 대한 공로로 이면 계약을 하여 먼저 발행되어 있던 주식(이하 '구주'라고 함)을 저가에 인수하는 특혜를 받게 됩니다.

어느 시점이 되면 VC ①과 장외업자 ①은 자기들이 보유한 주식을 중간의 '장외주식 전문 유통업자들'에게 수익을 남기고 매매하게 되고 유통업자들은 장외주식 거래 전문 사이트를 통해서 일반 개인 투자자들에게 유통하는 거래 구조 아래서 시장을 이루고 있습니다.

장외주식 거래도 2

장외주식 거래도 2는 처음 유통 단계에서 여러 VC가 참여하는 복수 투자가 이루어지게 되는데, 그 주식의 장외시장 가격은 이 단계에서 어느 정도 형성되게 됩니다.

이 과정에서 VC와 유착한 장외거래업자는 발행회사의 주식 가치가 하락할 때도 VC의 손실을 막아주기 위해서 장외주식 전문 유통업자들과 담합을 하여 그 주식의 거래 가격을 왜곡하여 장외주식 전문 거래 사이트에서 통정매매를 하기도 합니다. 이때 주식시장에 기생하는 기자들을 동원하여 홍보성 기사를 쏟아 냅니다. 그 후 인위(人爲)로 상승시킨 장외주식을 일반 투자자들에게 매각하여 이익을 취하게 됩니다.

장외주식 거래도 3

'장외주식 거래도 3'은 '장외주식 거래도 2'의 첫 단계에서 이루어지는 발행회사와 VC의 거래 관계를 더욱 구체적으로 설명한 것입니다.

그 회사를 처음 발굴한 VC ①은 첫 투자가 이루어지는 시점에서 VC의 투자 결정권이 있는 임원 등이 개인 자격으로 발행회사로부터 그 회사의 경영진이나 직원 명의 등 차명으로 보유한 구주를 '투자 유치의 공로' 명분으로 뒷돈처럼 저가에 배정받아 수익을 취하게 되는데, 이러한 거래를 고리로 하여 발행회사가 VC ②, VC ③으로부터 투자를 받게 될 때도 이같은 불법적인 거래가 이루어지는 것입니다.

VC의 임직원들은 발행회사나 장외업자들과 유착하여 이러한 불법적인 거래로 투자를 진행하여 막대한 부당이득을 취하게 됩니다.

VC 내부 부당거래 구조

구분	설명
VC 부당거래 구조	유망 비상장사를 발굴할 때 VC 내부에서 투자에 대한 역할 분담 VC 내부의 이너 서클을 형성하여 미공개 정보를 공유하면서 VC 심사역 간에 구주를 차명 거래함 * 비상장주식의 특성상 거래 가격이나 거래 상대방에 대한 적정성과 합법성 결여–다운 계약서와 차명 거래 성행
VC 임원 개인 소유 불법 장외거래 구조	그 회사 IPO가 임박할 때 VC(법인) 소유 주식 (조합 계정–고유 계정)을 장외업자를 통해 장외시장 매각 VC(법인) 소유 주식을 공개 매각한 전·후에, 심사역, VC 임원 등 개인 소유 주식을 선행 매매하거나 동반 매매로 부당이득 극대화

4) 장외시장에서 VC의 역할

지속적인 저금리 시대에 장외시장의 규모는 더욱 커지고 있지만, 장외시장의 정확한 시장 규모를 파악하고 있는 곳은 정부 기관이나 민간단체 어디에도 없습니다. 그만큼 정부 기관이나 민간단체의 관심 밖에서 펼쳐진 장외시장에서 벌어지는 불법을 규제하거나 통제할 수 있는 방법을 찾아보기란 매우 힘든 상황입니다. 이러한 장외시장에서 VC의 역할은 절대적입니다. 유망 비상장회사의 발굴에서 그 회사의 IPO 전까지 VC는 투자와 성장, 그리고 그 회사의 주식이 장외시장에서 거래되는 과정에 이르기까지 핵심적인 역할을 주도하고 있습니다.

VC는 초기 투자의 인연으로 그 회사의 경영진과 밀접한 거래 관계를 형성하면서 회사 내부의 미공개 정보를 독점적이고 패쇄적으로 취득, 유통을 할 수 있습니다. 또한 VC는 초기 투자자로서 그 회사의 주식에 대한 신주 발행 등에 대해서도 관여할 수 있으므로 그 주식의 수급이나 유통 물량 통제 등에 직간접으로 관여합니다.

또한 비상장주식의 거래 특징인 '당사자 거래'로 인하여, 시장 참여자들인 VC, 유사투자자문사*, 장외업자, 중소 규모 장외주식 유통 전문업자 등이 하는 거래는 점조직화가 되어 있고, 비상장주식을 거래하는 '공인되고 공개된 거래시장'이 없기 때문에 전체적인 거래 구조와 규모를 파악하기는 어렵습니다.

---

* 대규모 장외업자들 대부분은 대부업이나 유사투자자문업 등록을 하고 영업합니다.

5) 장외주식 전문 거래 사이트

현재 인터넷에서 장외주식 전문 사이트로 공인된 곳은 없습니다. 마치 가상화폐 거래소와 비슷합니다. 그래서 일부 장외주식 거래 사이트는 장외업자와 유착하여 특정 종목의 거래를 활성화하는 시세조종에 가담하기도 하는데 특정 종목에 대해서 장외업자나 발행회사로부터 광고비 형태로 거액을 받고 그 종목을 메인 화면에 노출하고 장외주식 유통업자들의 매수·매도의 호가 창을 인위적으로 조작하는 방법을 사용합니다. 이러한 비상장주식의 시세조종이 현실에서 벌어지고 있는데도 이것을 적발하거나 처벌하기는 힘든 상황입니다.

그 이유는 비상장주식이 '불특정 다수'를 대상으로 거래되는 것이 아니고, 비상장주식의 거래 방식은 매수자와 매도자 간의 '당사자 거래'이므로 그 거래의 책임은 각 당사자에게 있기 때문입니다. 따라서 비상장주식의 시세조종을 적발하기 위해서는 '발행회사, VC, 장외업자, 장외주식 전문 유통업자, 장외주식 전문 거래 사이트' 전체의 공모 관계를 밝혀야 하는데, 이것을 파악하기는 거의 불가능하다고 할 수 있습니다. 이러한 장외시장의 폐쇄성 때문에 그 내부에서 온갖 불법과 탈법, 그리고 탈세 행위가 벌어지고 있는데 이러한 불법 행태의 한가운데에 VC가 있습니다.

VC에서 투자를 담당하는 일부 심사역이나 핵심 임원들, 그리고 일부 VC 오너에 이르기까지 이들은 자신들만의 이너 서클을 형성하여 장외주식의 투자에서 시작하여 정보 유통, 가격 담합에 이르기까지 철저하게 자신들의 부당이득을 위해서 움직입니다.

그중 하나는 강남의 한 '조기 축구회'가 있는데, 이 모임에는 많은 수의 VC 심사역과 임원이 참여하고 장외주식업자들이 이 조기 축구회에 많은 물질적 지원을 하면서 자기들끼리만 특별한 네트워크로 활용하고 있는 것으로 알려져 있습니다.

장외시장에서 VC

단계와 구조	현황 설명
'당사자 거래'의 특성상 점조직화가 된 거래 구조	• 공인된 시장의 부재 • 금융감독당국의 관리 사각지대 • 거래의 폐쇄성 때문에 탈세 등 거래 구조와 거래의 규모에 대해 파악 불가
VC가 장외시장의 핵심적 역할	• VC가 그 회사의 초기 투자 관계 인연으로 회사 경영진과 밀접하고 은밀한 거래 관계 형성 • VC와 장외업자 간의 연계와 유착으로 주식 물량의 수요와 공급을 사전 예측하여 장외시장의 인위적 가격 형성 가능 • 비상장주식의 거래시장(장외시장)에 있어 VC는 정보와 수급에 대한 독점적 지위 행사

더욱 암담한 현실은 이렇게 장외시장의 형성과 유통의 결정적인 역할을 하는 VC는 현재 120여 개 이상 사업을 하고 있는데 이를 관리하는 곳은 '중소기업청' 한곳이며 공무원 5명 미만이 담당할 뿐입니다.

일반 창업자들은 꿈을 가지고 창업을 할 때 누구나 마음 한구석에는 VC의 투자 유치를 갈망하고 있지만, 건전한 중소기업을 지원하고 응원해야 할 VC 내부에서는 창업자들의 기대와 희망과는 거리가 먼, 세상에 드러나지 않는 탐욕적인 거래를 하는 것이 현실입니다.

꿈과 열정, 그리고 좋은 아이디어가 있다면 누구나 성공할 수 있는 세상이 되었으면 좋겠습니다. '실패하더라도 다시 도전할 수 있는 대한민국'까지는 바라지 않더라도 창업자들의 실패로 삶을 포기하거나 그 가족이 해체되는 일만큼은 일어나지 않았으면 좋겠다는 생각입니다.

6) 장외시장에서 벌어진 불법의 예

[단독] 검찰, 비상장사 공모주 부정청약 적발... 前농심캐피탈 본부장 구속

검찰이 기관투자자와 일반투자자 간 비상장 주식 '공모주 대리 청약' 관행에 칼날을 들이댔다.

서울남부지검 증권범죄합동수사단은 지난 3일 인가를 받지 않고 비상장 주식 200억 원어치를 중개한 김 모 전 농심캐피탈 투자금융본부장을 자본시장법 위반과 배임수재 혐의로 구속했다. 김 씨는 비상장 주식 브로커의 부탁을 받고, 기관투자자의 지위에서 공모주를 대리 청약해 준 대가로 약 2억 원을 수수한 혐의를 받고 있다.

검찰에 따르면 김 씨는 지난 2009년 5월부터 2014년 6월까지 자본시장법에서 금지하고 있는 무인가 투자중개업에 해당하는 공모주 대리청약 행위를 일삼은 것으로 드러났다. 김 씨는 이 기간 한울파트너스 등에 총 198회에 걸쳐 약 200억 원 상당의 공모주 매입을 중개했다.

공모주 대리청약은 일반투자자가 기관투자자 명의를 이용해 수요예측 시점에 공모주를 확보하는 것을 의미한다. 김 씨는 금융 부티크와 같은 일반투자자의 경우 높은 경쟁률 때문에 기업공개(IPO) 공모주 청약에 참가하기 어렵다는 점을 이용해, 기관투자자라는 지위로 대신 공모주를 배정받아 부티크에 넘긴 것이다.

이 같은 대리청약 행위는 자본시장법상 금지하고 있는 투자중개업 영위에 해당된다. 주가 변동으로 인한 경제적 손익이 금융 부티크에 귀속되기 때문이다.

또한 김 씨가 지난 2008년 1월부터 2014년 1월까지 농심캐피탈 투자금융본부장으로 재직하면서, 장외주식 브로커 변 모 씨에게 공모주를 대리 청약해 넘겨준 대가로 약 2억 원을 수

수한 사실도 적발했다.

한편 금융당국은 지난해부터 비상장사의 대규모 불공정거래행위 조사에 착수한 터라, 이 같은 개인에 공모주 대리 청약한 기관투자자들의 법적 제재가 잇따를 것으로 보인다. 비상장사 공모주 시장은 상장사와 달리 불공정 거래 행위에 대한 감독의 사각지대에 놓여 있어 관련 부정거래가 꾸준히 늘고 있는 실정이다.

시장 관계자는 '공모주 투자가 인기를 끌면서 아예 비상장사에 투자하려는 수요는 꾸준히 늘고 있는 상황이지만, 공시의무가 없는 비상장사들은 한국거래소와 금융당국, 검찰 등의 불공정행위에 대한 감시가 상대적으로 허술하다'고 지적했다.

안철우 기자 acw@etoday.co.kr

[출처: https://www.etoday.co.kr/news/view/1500256]

이 사건은 유명한 장외업자 A씨가 구속된 후에 검찰에서 "추가 사건을 얘기해 달라. 협조하지 않으면 세무조사를 하겠다."라는 압박을 받은 장외업자가 자기와 오랜 기간 거래를 이어 온 VC 간부에 대한 불법을 털어놓으면서 적발된 사건이다.

증권 > 정책

[단독]청담동주식부자 장외주식 사기, 벤처캐피탈 '시세조종' 연루 의혹

VC 심사역들 내부정보 제공… 시세조정 및 부당이득
검찰 제보 입수, 사실관계 확인 후 수사 확대
혈세 들어간 VC 관리 감독 부실 도마에 오를 듯

최근 검찰에 구속 기소된 '청담동 주식부자' 이희진의 장외주식 사기성 부당거래와 관련해 벤처캐피털(VC)들이 연루됐다는 의혹이 일고 있다. 벤처기업 내부정보에 훤한 VC 심사역들이 이희진과 '짜고 치는' 방식으로 주가를 올리고 부당한 이득을 얻었다는 이야기다. 그동안 금융당국과 이희진 사건의 일부 피해자들 역시 이 같은 가능성을 제기해 왔다.

서울 남부 지검은 이희진 사건과 관련한 조사를 VC 업계로 확대하는 방안을 검토하는 것으로 28일 알려졌다. 청담동 주식부자 이희진이 장외주식을 부당 거래하는 과정에서 VC들이 내부정보를 제공, 투자자들에게 피해를 입히는 과정에 일조하면서 VC 심사역들도 부당한 이득을 거뒀다는 의혹이 제기됐기 때문이다. 검찰은 금융투자업계에서 이 같은 제보를 입수하고 관련 사실관계를 파악한 뒤 수사 확대 여부를 결정할 것으로 전해졌다.

검찰은 복수의 VC 투자심사역들이 이희진과 짜고 장외주식을 부당 거래했는지 여부에 주목하고 있다. 이희진이 부당 거래한 것으로 알려진 비상장사 A사가 유력한 사례다. A사에 투자한 VC 심사역들이 미리 A사의 악재(해외 기술수출 계약 파기)를 이희진에게 귀띔했고 이희진은 이 사실을 숨긴 채 '기술수출 계약으로 주가가 오를 것'이라며 A사 주식을 투자자들에게 16만 원에 사도록 권유했지만 결과적으로 그 주식은 4만 원대로 급락했다는 것이다.

이희진이 A사 주가를 16만 원까지 끌어올린 시점에서 VC 심사역들 역시 미리 싼값에 확보해둔 자신들의 차명주식을 매도해 이익을 봤을 것이라는 의혹도 제기된다. 한 금융투자업계 관계자는 "이 같은 거래는 암암리에 벌어지고 있지만 너무나 흔하다."며 '이희진은 그저 꼬리일 뿐이고 몸통은 따로 있는 셈'이라고 말했다. 그동안 시장에서는 이희진에게 돈을 댄 전주 또는 배후 세력이 있다는 의혹이 제기돼왔다.

전문가들은 이런 식의 부당거래를 마땅히 규제할 방안이 없다는 것이 문제라고 지적하고 있다. VC는 창업 초기부터 벤처기업들에 투자하면서 이들의 주식을 거래하는 장외 주식 시장에서 정보와 주식 수급을 독점한다. 하지만 장외주식이 공식적인 거래 플랫폼(K-OTC BB)보다 사설 장외주식 사이트 등을 통해 개인끼리 알음알음 이뤄지는 경우가 많기 때문에 부당거래를 잡아내기는 어렵다.

관리·감독기관이 사실상 부재하다는 점도 검은 유착의 온상으로 지목된다. 중소기업청에 등록된 전체 VC는 120여 개에 이르지만 이들을 관리하는 인력은 2, 3명뿐이다. 상장주식은 자본시장법에 따라 금융감독원 등으로부터 미공개정보를 이용한 불공정거래 등을 감시·제재받지만 장외주식 부정거래는 사건이 발생한 후에야 검찰이 수사하는 수밖에 없다.

정부는 벤처투자 활성화를 위해 한국벤처투자(모태펀드)를 운영하고 있다. 중기청 산하 기관인 중소기업진흥공단이 100% 지분을 갖고 있는 모태펀드는 VC에 30~70%의 정부 자금을 출자해 투자를 장려한다. 하지만 정작 VC들이 이 돈으로 벤처를 육성하기보다 개인 재산을 불리고 있는 모양새다. 이는 결과적으로 나랏돈을 장외주식 사기 범죄에 보태주는 꼴이라는 지적도 제기된다.

유주희·양사록기자 ginger@sedaily.com

[출처 - https://www.sedaily.com/NewsVIew/1L1LE6R68V]

'청담동 주식부자 이희진'은 대표적인 장외주식업자였습니다. '청담동 주식부자'는 원래 코딩에 유능한 IT 프로그래머였습니다. 아이폰의 출연과 함께 주식투자와 관련된 앱을 개발하면서 '청담동 주식부자'는 큰돈을 벌기 시작했습니다. 이후 '청담동 주식부자'는 앱 개발과 운영 과정에서 주식시장을 파악하게 되고 이후 애널리스트로 전업을 하게 됩니다. 청담동 주식시장의 몰락은 우연히도 법조 비리의 출발이었던 '네이처리퍼블릭, 정운호 게이트'에서 시작하게 됩니다.

'네이처리퍼블릭, 정운호 게이트' 사건이 발생하기 전까지만 하더라도 '청담동 주식부자'가 추천하는 종목은 회원들에게 꽤 좋은 수익률을 안겨 주고 있었습니다. 하지만 '네이처리퍼블릭, 정운호 게이트'가 터지자 '청담동 주식부자'가 추천했던 네이처리퍼블릭의 주가는 장외시장에서 폭락에 폭락을 거듭했고 그 과정에서 무리수가 이루어지기 시작했습니다. 결국, 일부 피해자들이 '청담동 주식부자'에게 고소, 고발을 진행하면서 사건은 일파만파 번져가기 시작했습니다.

'청담동 주식부자'의 경우에서도 그랬지만, 저의 개인적인 생각으로는 '개인의 탐욕이 개인의 능력을 넘어설 때' 자본시장에서의 비극은 벌어지게 됩니다.

미공개 정보 이용 차익 거둔 혐의
검찰, 동아일보 계열사 압수수색

지난 2015년 1월과 7월 사이 김재호 동아일보·채널A 사장과 방송통신위원회 서기관이 비상장 벤처기업 올리패스 주식을 부당 거래한 정황이 나왔다. 김 사장은 동아일보 계열 마이다스동아인베스트먼트를 통해 주식을 사고팔아 특수관계자 거래 제한 관련법을 어겼다는 지적이 일었다. 방통위 서기관도 김 아무개 마이다스동아인베스트먼트 전무의 배우자여서 특수관계자다. 두 사람은 김 아무개 전무가 제공한 올리패스의 미공개 중요 정보를 이용해 시세차익을 거뒀다는 의혹을 샀다.

서울남부지방검찰청은 이런 혐의를 밝힐 증거를 찾기 위해 지난 3일 서울 청계천로 동아미디어센터 18층 마이다스동아인베스트먼트 사무실을 압수 수색했다.

마이다스동아인베스트먼트(대표 이희준)는 2014년 10월 16일 에스텍파마가 가지고 있던 올리패스 주식 1만 7,254주를 4억 9,919만 2,728원에 사들였고, 그해 12월 12일 2.75배 무상증자에 힘입어 주식 수를 4만 3,552주로 불렸다. 그 무렵부터 마이다스동아인베스트먼트 임직원과 올리패스 경영진이 미국 제약기업 브리스톨마이어스퀴브(BMS)와 맺은 기술 제휴 관련 미공개 정보를 이용한 주식 거래를 협의하기 시작했고, 2015년 1월과 7월 사이에 각각 일어난 김재호 사장과 방통위 서기관의 주식매매로 연결됐다는 게 의혹의 핵심이다.

특히 마이다스동아인베스트먼트는 2015년 4월 2일 올리패스 주식 2만 1,774주를 4만 원씩 8억 7,096만 원에 1차로 팔았는데 2015년 1월 22일 이 주식을 사들였던 김재호 사장도 이때 보유 물량 일부를 팔아 시세차익을 거뒀다. 매각 시점은 BMS로부터 올리패스에 입금될 60만 달러가 들어오지 않아 기술 제휴가 중단될 가능성이 있던 때였다.

마이다스동아인베스트먼트는 같은 해 7월 7일에도 2,000주를 14만 2,000원씩 2억 8,000만 원, 6,000주를 15만 원씩 9억 원에 팔았는데 방통위 서기관과 매각 시점이 같아 마이다스동아인베스트먼트가 개인 자금까지 도맡아 함께 운영했을 개연성을 엿보게 했다. 이때에도 BMS로부터 올리패스에 추가로 입금될 70만 달러가 들어오지 않아 기술 제휴 관계가 크게 흔들리는 흐름을 보였다.

검찰은 이 같은 투자 인연으로 올리패스 경영진과 가깝게 맞닿아 있던 마이다스동아인베스트먼트 임직원의 휴대폰과 피시 안 문서를 다수 확보한 것으로 알려졌다. 이번 수사는 2016년 10월 마이다스동아인베스트먼트 내부 제보에 힘입어 중소기업청이 검찰에 조사를 의뢰한 데 따라 뒤늦게 시작됐다.

자본금 70억 원 규모로 2013년 5월 설립된 마이다스동아인베스트먼트 최대 주주는 마이다스동아로 57.14%를 가졌다. 김재호 사장은 마이다스동아인베스트먼트 지분 28.6%를 가졌을 뿐만 아니라 마이다스동아 최대 주주(89.95%)인 동아일보의 대표이사다. 신문(동아일보)과 방송(채널A)을 겸영하는 사업자가 창업투자사까지 운영하는 것은 이례적이다.

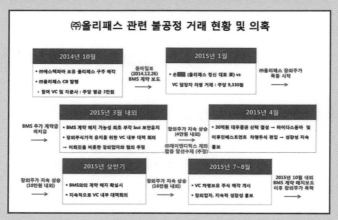

▲ 검찰에 제보된 마이다스동아인베스트먼트의 비상장 올리패스 주식 부당 거래 흐름도

중소기업청과 검찰에 제공된 마이다스동아인베스트먼트의 '비상장 장외시장 부당거래 현황' 자료를 보면, 김재호 사장은 2015년 1월 22일 올리패스 주식 5,625주를 9,330원씩 5,248만 1,250원에 사들였다. 그에게 주식을 판 사람은 정신 올리패스 대표이사의 배우자인 손 아무개 씨였다.

김재호 사장이 주식을 사들였을 무렵 올리패스는 BMS와 신약 개발 제휴를 맺었다는 호재를 등에 업은 상태였다. 2014년 10월 29일 한국경제신문이 전략 제휴 소식을 보도한 데 이어 동아일보도 그해 12월 26일 정신 올리패스 대표 인터뷰를 내보냈다. 잇따른 언론 군불에 힘입어 장외시장 올리패스 주가가 오르자 김재호 사장은 주식 매수 70일 만인 2015년 4월 2일 2,000주를 4만 원씩 8,000만 원에 팔았다.

애초 사들인 5,625주의 절반도 되지 않는 2,000주 만으로 원금 5,248만1,250원은 물론이고 수익 2,751만 8,750원을 거둬들였다. 그 무렵 올리패스와 BMS 사이 기술 제휴 계약이 삐걱이기 시작했지만 시장에 공개되지 않아 주가는 2015년 5월 6만 원, 7월 15만 원까지 치솟았다. 그해 7월 말 주가가 16만 원까지 올랐을 때에는 올리패스 시가 총액이 2조 원에 이르렀다.

증권업계 한 관계자는 이런 거래 흐름을 두고 "동아일보에서 (올리패스 관련) 호재성 기사를 냈고, 그 기사가 주가 상승에 기여했다면 자본시장과 금융투자업에 관한 법률상 '사기적 부정거래'일 수 있다."고 짚었다.

▲ 2014년 12월 26일 동아일보 경제면에 보도된 정신 올리패스 대표 인터뷰

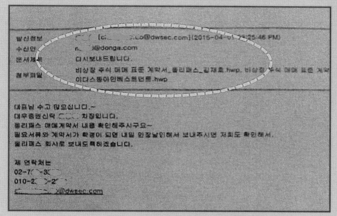

▲ 김재호 동아일보 사장이 올리패스 주식을 거래한 정황이 담긴 2015년 4월 1일 자 이메일.
이튿날 김 사장이 가지고 있던 올리패스 주식 2,000주가 대우증권에 팔렸다.

김재호 사장이 올리패스 주식을 사들인 날, 같은 매도자로부터 같은 양을 같은 값에 산 방통위 서기관은 돈을 더 벌었다. 주식 매수 166일 만인 2015년 7월 7일 2,000주를 15만 원씩 3억 원에 팔아 시세차익이 2억 4,751만 8,750원에 달했다.

검찰은 두 사람이 주식을 팔았을 무렵 올리패스와 BMS 간 제휴가 도중에 멈추게 된 사실을 미리 알았는지에 주목하는 것으로 알려졌다. 김재호 사장이 마이다스동아인베스트먼트 지분

28.6%를 가진 데다 동아일보 계열 총수여서 올리패스의 미공개 악재 정보를 안 뒤 주식을 팔았을 개연성이 있기 때문이다. 방통위 서기관도 배우자인 김 아무개 마이다스동아인베스트먼트 전무로부터 올리패스와 BMS 제휴 종료 발표(2015년 8월 31일)가 임박했음을 알고 앞서 주식을 팔았을 가능성을 배제할 수 없어 검찰 수사 결과에 눈길이 쏠린다.

김재호 사장은 2014년 3월 4일에도 비상장 벤처기업 휴메딕스 주식 4,000주를 2만 5,000원씩 1억 원에 사들였다. 김 사장에게 주식을 넘긴 김 아무개 씨는 휴메딕스 주요 주주 가운데 한 명이었다.

올리패스 주식 장외시장 흐름에 밝은 창투사 한 임원은 "벤처캐피탈업계가 이런 거(부당거래)에 대해 너무나 도덕의식이 없다."며, "(3년 전) 올리패스 주식이 1년 만에 16배 올랐습니다. 그게 4분의 1토막이 나는 데 불과 몇 개월이 안 걸렸고요. 이렇게 장외주식이 급등 급락했고, 여기에 미공개정보가 분명히 있었는데 미공개정보를 이용해서 주식을 사고팔았던 벤처캐피탈리스트와 회사 오너들에게 아무런 제재를 가할 수 없었다."고 말했다.

거래 날짜	매도자	매수자	주식 수	단가(원)	금액(원)
2015.01.22.	손○○	김재호	5,625	9,330	52,481,250
2015.01.22.	손○○	●●●	5,625	9,330	52,481,250
2015.04.02.	김재호	대우증권	2,000	40,000	80,000,000
2015.07.07.	●●●	이○○	2,000	150,000	300,000,000

▲ 김재호 동아일보 사장과 방통위 서기관(●●●)의 올리패스 주식 거래 흐름

방통위 서기관 친족도 큰 시세차익 거둬

방통위 서기관 동생의 배우자 한 아무개 씨도 비상장 벤처기업 주식 투자로 한 달여 만에 큰 돈을 벌었다. 2015년 9월 15일 마이다스동아스노우볼투자조합으로부터 노바렉스 주식 1만 6,666주를 1만 2000원씩 1억 9,999만 2,000원에 사들였다. 한 씨는 주식 매수 28일 만인 그해 10월 13일부터 42일 만인 10월 27일까지 1만 6,666주를 2만 2,000원에서 2만 4,000원씩 3억 7,711만 8,000원에 모두 팔았다. 시세차익이 1억 7,712만 6,000원에 이르렀다.

한 씨는 2014년 2월 21일 비상장 벤처기업 휴메딕스 주식 5,000주를 2만 3,000원씩 1억 1,500만 원에 사들이기도 했다. 그해 6월 9일에는 변 아무개 씨로부터 휴메딕스 주식 1,000주를 2만 3,000원씩 2,300만 원에 사들였다가 곧바로 또 다른 변 아무개 씨에게 같은 값에 팔기도 했다. 두 변 씨는 아버지와 아들 사이인 것으로 전해졌다.

방통위 서기관은 친족의 이런 주식 투자를 두고 "제가 직접 한 게 아니기 때문에 정확한 내역 같은 걸 알고 있지 않다."고 말했다. 자신의 올리패스 주식 투자와 관련해서는 "(배우자가) 벤처업계에 있으니까 바이오 업계를 많이 알고 있고, 장외주식을 이것저것 사는 게 많이 있다. 그래서 그중에 올리패스 주식도 사게 된 것"이라고 밝혔다. 배우자 소개로 올리패스 주식을 샀다고 봐야 하느냐는 질문에 "그렇다고 봐야겠다."고 답했다.

김재호 사장 쪽(동아일보 경영전략실)에선 올리패스·휴메딕스 주식 거래와 잔여 치 계속 보유 여부, 마이다스동아인베스트먼트 특수관계자임에도 주식을 사고판 데 따른 입장, 올리패스 주식 매도 시점을 직접 결정했는지를 묻는 질문에 답변을 내놓지 않았다. 김 아무개 마이다스동아인베스트먼트 전무도 김재호 사장과 배우자와 친족에게 올리패스·노바렉스·휴메딕스 주식 장외시장 거래를 소개했는지, 특수관계인 김재호 사장의 비상장 주식 거래가 적절했는지 등을 묻는 질문에 답하지 않았다.

이은용 《뉴스타파》 객원 기자

[출처 - https://newstapa.org/article/Wxvpf]

이 사건은 제가 《뉴스타파》 이은용 기자와 함께 파헤쳤던 사건인데 검찰은 결국 이 사건을 무혐의로 종결하였고, 그 후 《동아일보》에서는 《뉴스타파》와 이은용 기자를 상대로 거액의 민사 소송을 진행했지만 그 소송은 《뉴스타파》의 승소로 끝나게 됩니다.

6장

가상화폐와
가상화폐 시세조작

#암호화폐   #블록체인   #ICO

자세히 보기 >

1.
가상화폐의
개념

   최근 가상화폐(Virtual Money)에 대한 투자는 거의 광풍에 가깝다고도 볼 수 있을 만큼 저변을 확대하면서 일반 투자자들의 관심을 빨아들이고 있습니다. 많은 사람이 알고 있듯이 대표적인 가상화폐는 비트코인(Bitcoin), 이더리움(Ethereum)입니다.

   가상화폐는 사실 컴퓨터 등에 정보 형태로 저장되어 실물 없이 사이버 상에서 거래되는 전자화폐를 통칭하는 표현이며 비트코인, 이더리움과 같은 '코인'들은 가상화폐 중에서도 암호화폐(Cryptocurrency)가 좀 더 정확한 표현입니다. 최근 국내에서는 2019년부터 공식적으로 '가상자산'이라는 표현을 사용하고 있으며(이는 정부에서는 공식적으로 화폐로서 인정하지 않음을 상징적으로 의미하는 것), 대중적으로는 '가상화폐'라 통칭하여 부릅니다. 이 글에서는 편의를 위해 '가상화폐'라 통칭하여 사용하겠습니다.

   비트코인은 '사토시 나카모토'라고 알려진 사람의 9장짜리 논문과 함께 2008년 10월에 태어났습니다. 비트코인의 탄생 배경에는 2007년, 미국에서 주택 파생 상품을 취급하던 금융기관들의 부실이 발생하기 시작하면서 2008년 9월 6일 유동성 위기에 직면한 미국의 주택 파생 상품을 취급하던 금융기관이던 패니메이와 프레디맥에 각 일천억 달러의 유동성 자금을 미국 정부가 지급하고 국유화하면서 미국의 국가 문제로 대두되었고 결국 2008년 9월 15일 리먼브라더스가 파산 신청을 하면서 세계적인 경제 위기로 발전했습니다. 그 후 미국 정부는 중앙은행인 연방준비제도이사회(FRB)를 통해서 금융 위기의 수습책으로 '양적완화(Quantitative Easing)'*라는 정책을 펼치면서 끝없이 달러를 찍어 댔습니다. 이러한 미국 정부의 대규모 양적완화 정책으로 인하여 당시 많은 경제학자는 세계 기축통화(基軸通貨)** 의 지위를 누리고 있던 미국 달러화(USD)가 '기축통화의 지위를 잃을 수도 있다.'라는 예측을 하기도 했습니다.

  사실 미국의 달러화(USD)는 과거 1970년대까지만 하더라도 정부가 보유한 금(Gold)의 등가성에 맞게 발행할 수 있었으나 1971년 8월 15일 리처드 닉슨이 '금 태환 정지'를 선언(닉슨쇼크)하면서 금본위제를 포기하기에 이르렀습니다. 즉, 미국 정부가 보유한 금이 없더라도 얼마든지 달러를 찍어 낼 수 있도록 한 것입니다.

  그 후 미국의 달러화가 세계의 기축통화 지위를 유지하는 것은 많은 경제학자들과 제3의 국가들로부터 비판을 받아 오고 있었고, 일부 경제학자들은 아무런 기본적인 보증(본위)도 되지 않는 미국 달러화의 몰락으로 "자본주의가 종말을 고할 것이다."라는 주장을 하기도 했습니다.

---

* 각국의 중앙은행이 금리 인하를 통한 경기 부양 효과가 한계에 봉착했을 때, 중앙은행이 국채 매입 등의 방식을 통해서 실물화폐를 대량 발행, 유통시킴으로써 유동성을 시중에 직접 푸는 정책'을 뜻합니다.

** 세계의 기준 통화를 뜻합니다.

비트코인을 처음 탄생시킨 사토시 나카모도 역시 2009년 1월 3일 프로그램을 공개하면서 "기존 화폐의 근본적인 문제는 그것이 작동하도록 하는 데 필요한 신뢰에 있다. 중앙은행은 화폐의 가치를 훼손하지 않을 것이라는 믿음을 주어야만 하지만 기존 법정화폐의 역사는 그 신뢰를 위반한 것으로 가득 차 있습니다."라고 하면서 기존 화폐의 모순에 대해 비판하며 비트코인의 탄생 배경을 설명하기도 했습니다.

가상화폐는 대부분 블록체인(Blockchain) 기술을 기반으로 하는데 블록체인 기술을 간단히 설명하자면 '원장 분산 기술'로 개인 간(P2P)에 계약(거래) 원본을 여러 곳에 분산하여 보관하게 함으로써 계약 및 거래에 대한 위조나 변조를 방지하는 기술이라 할 수 있습니다.

지금은 이 블록체인 기술에 대해서 여러 논문이 발표되고 많이 일반화되어 특히 대한민국에서는 2018년을 전후로 '김치 가상화폐'라는 표현이 생길 정도로 한국의 투자·투기 심리와 가상화폐가 만나 일명 '○○ 가상화폐'라는 이름으로 여러 종류의 가상화폐가 우후죽순처럼 생겨나고 있습니다. 이는 비단 국내뿐만 아니라 전 세계적인 현상이기도 합니다.
 하지만 넓은 의미의 가상화폐는 단순히 '블록체인 기반의 가상화폐'뿐만 아니라 이미 인터넷 세상에서나 오프라인 세상에서도 많이 발행되고 유통되어 왔습니다.

여러분도 많이 알고 있는 여러 게임 사이트에서 유통되는 고스톱 머니나, 포커 머니 그리고 수많은 캐릭터 성장형 게임(Role-Playing Game)에서 게임을 즐기기 위해 채굴하여 쓰는 게임 머니 역시 가상화폐의 일종으로 볼 수 있습니다. 또한 많은 신용 카드 회사나 프랜차이즈, 체인 업체에서 사용 금액이나 횟수에 따라 적립되는 포인트 역시 가상화폐의 일종으로 볼 수 있습니다. 하지만 이번 6장에서는 가상화폐에 대한 전반적인 것을 모두 다룰 수 없기 때문에, 국내에서 대체 투자 수단으로 많이 거래되는 블록체인 기반의 가상화폐(암호화폐)를 기준으로 가상화폐 시장의 문제점과 가상화폐 거래소에서 벌어지는 가격조작 기법 등에 대해서 다뤄 보도록 하겠습니다.

2.
가상화폐의 발행과
ICO 그리고 거래소

　가상화폐의 발행과 ICO에 대한 기술적이고 학문적인 내용은 일반적으로 많이 알려진 내용이기 때문에 좀 더 쉽게 설명해 드리겠습니다. 흔히, 블록체인 기반의 서비스 사업자들이 가상화폐를 발행하고, 이를 투자자들에게 판매해 자금을 확보하는 것을 ICO라고 합니다. 일반 주식회사를 비유해서 설명하면 창업자는 사업계획서를 작성하고 이를 초기 투자자(엔젤 투자자)에게 사업 설명(IR)을 하고 초기 사업 자금을 모집합니다.

　초기 단계에 투자한 투자자들은 회사의 성공을 기대하며 투자하지만 실패에 대한 위험도 가지고 있습니다. 그들은 회사가 성장하여 IPO(기업 공개, 상장)를 하려는 목표를 갖고 있습니다. 블록체인 세계에서는 이러한 과정에서 창업자들이 백서(사업계획서)를 작성하고, 이를 통해 초기 투자자를 모집합니다. 이를 ICO(ICO 과정 중에서도 사전에 코인을 판매한다고 하여 사전 판매, Pre-Sale이나 Private Sale이라고 합니다)라고 합니다. 블록체인 서비스 사업자들은 초기 자본을 이용하여 블록체인 기술을 기반으로 하는 서비스를 개발하고, 모금된 자금을 이용하여 가상화폐 거래소에 상장을 시킵니다. 물론 이때까지도 아직 회사는 매우 초기 단계입니다. 거래소에 상장된 가상화폐는 일반인들에게 공개가 되고 이를 통해서 초기 투자자들은 투자금을 회수하거나 더 큰 이익을 기대하면 추가 매집을 하게 됩니다(이를 공개 판매, Public Sale이라고 합니다). 블록체인 기반 서비스는 기존에 우리가 알고 있는 수많은 서비스와 연결되어 시작합니다. 이때 탈중앙화란 개념이 블록체인 서비스의 기본 정신이 됩니다.

예를 들어 기존 금융 거래는 은행이라는 중앙 기관에서 관리합니다. A라는 사람이 B라는 사람에게 100원을 보내면 은행은 그들의 장부(전산 시스템)에서 A라는 사람 통장 속 100원을 차감하고, B라는 사람에게 100원을 지급합니다. 그런데 만약 은행 시스템이 해킹된다면 이러한 거래 장부가 무용지물이 될 수 있습니다(현실적으로 쉽게 발생할 수 있는 건 아니지만, 불가능한 건 아닙니다). 블록체인의 탈중앙화는 이런 개인 간의 거래에서 은행(중앙 시스템)을 배제하여 거래자 간 상호 신뢰 기반을 형성합니다. 이를 위조·변조 방지, 무결성이라고 합니다. 그 상호 간의 거래가 100명일 때, 1만 명일 때, 100만 명일 때, 1억 명일 때 그 신뢰성은 점점 높아지게 되는 것입니다(더이상 설명하면 기술 도서가 되기 때문에 이 정도까지만 하겠습니다). 그래서 포인트(마일리지)도 블록체인 기술로 가상화폐가 생겨나고 은행을 배제한 국외 송금에서도 전자 계약, 게임 머니, 헬스케어 등 현존하는 모든 서비스가 블록체인으로 구현될 수 있는 것입니다.

1) 테마별 가상화폐

국내에서도 이미 많이 일반화된 블록체인 기술을 기반으로 여러 가지 테마별 가상화폐가 등장하고 있습니다. 물론 전 세계로 본다고 하면 수도 없이 많은 가상화폐가 생겨났습니다.

지불 결제, 게임, 헬스케어, 포인트 등 다양한 분야와 관련된 가상화폐는 그 종류와 이름도 매우 다양하게 발행되고 거래되고 그리고 사라집니다.

가상화폐마켓캡(www.coinmarketcap.com)이라는 사이트에서는 전 세계에서 발행하는 가상화폐의 가격과 거래가 가능한 거래소들을 리스트 업(List-up)해 놓고 관리하는 것을 참고할 수 있습니다. 여기에 등록된 가상화폐만 해도 약 10,000여 개나 됩니다. 아마 이것이 공식으로 확인할 수 있는 숫자이며 비공식 가상화폐는 조사조차 되지 않았습니다.

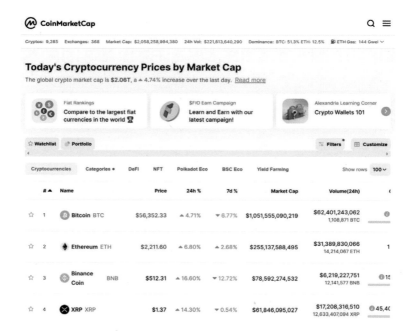

2) 백서 발행

가상화폐를 발행하기 위해서는 백서(白書, White Paper)라는 것을 발행해야 합니다. 백서의 원래 의미는 영국 정부가 특정 사안에 대하여 깊이 있게 조사하고, 그 결과를 책의 형태로 만들어서 의회에 보고했는데 그 겉표지를 하얀색으로 만들었던 것에서부터 유래합니다. 그런데 가상화폐 발행에서 말하는 백서는 일반적인 주식회사의 개념에서는 사업계획서 형식의 문서입니다. 가상화폐의 발행 목적, 발행 수량, 사업과 서비스 소개, 사업에 참여하고 있는 인적 정보 등 가상화폐 사업과 관련한 다양한 정보를 제공하는 것으로 기본적인 구성이 주식회사의 '정관'과 '사업계획서'의 형식을 결합한 내용과 비슷합니다.

가상화폐 백서(Coin-White Paper)에는 여러 가지 사항을 기재하는데, 실제 거래되었던 가상화폐 백서를 샘플로 하여 기본적으로 들어가는 것을 설명해 보도록 하겠습니다.

▶ 가상화폐에 대한 기본 소개: 사업과 서비스 소개 등
▶ 가상화폐 발행에 들어간 배경 기술:

> **예** 프로젝트 팀은 특별히 머신러닝(Machine Learning) 기술을 이용해서 인공지능을 구현했습니다. 머신러닝은 학습을 위한 데이터 입력, 학습 과정, 결과 도출을 반복합니다. 이를 위해 머신러닝 기술의 일종인 CNN기반 컨볼루션신경망 알고리즘을 구축하고 딥러닝(Deep Learning) 기술을 ○○○에 적용했습니다.

▶ 배경 기술에 대한 기술 코드와 코딩(coding)의 공개: 이것은 배경 기술의 내부 설계도와 같은 프로그래밍을 말하는 것입니다.

6.기술코드
Technology

```
image_w=224
image_h=224
x=[]
t=[]
for i,idx in enumerate(categories):
label=[0 for k in range(nb_classes)]
label[i]=1
image_dir=animal_dir+"/"+idx
for dirname,subdirs,file in os.walk(image_dir):
files=glob.glob(image_dir+"/*.jpg")
for j,f in enumerate(files):
try:
img=Image.open(f)
img=img.convert("RGB")
img=img.resize((image_w, image_h))
data=np.asarray(img)
x.append(data)
t.append(label)
img.close()
print("good")
print(j)
except:
print("can not")
x=np.array(x)
t=np.array(t)
x_train, x_test, t_train, t_test = train_test_split(x,t,test_size=0.2, random_state=33)
return x_train, x_test, t_train, t_test
```

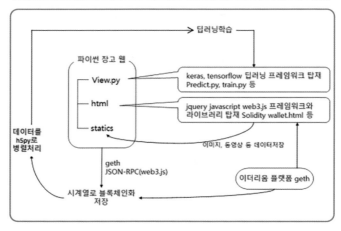

▶ 전체 발행될 가상화폐의 수: 이것은 주식회사에 비교하면 정관에 기재된 '발행할 주식의 총수'와 같은 의미입니다.

▶ 그 가상화폐의 환전 정책: 신규 발행되는 가상화폐에 대해서 비트코인이나 이더리움 등 대중성이 있는 가상화폐와 교환하는 방식 등을 공개하는 것입니다.

▶ 전체 발행되는 가상화폐의 배정과 운영 정책:

예 총 발행   100억개
✓ 30% 세일
✓ 20% 프로젝트팀 (5%는 보호예수 없음, 5%는 상장 후 6개월, 10%는 1년 보호예수)
✓ 5% 어드바이저
✓ 5% 마케터
✓ 30% 포인트 환전용(생태계 구성용)
✓ 10% 리저브(보관용)

-리저브reserve 는 긴급상황에서만 사용/최소 1개월 전에 공지후 사용
-프리세일 및 IEO 일정/계획은 추후 공지

30%
10%
30%
5%
5%
20%

■세일   ■밤새고팀
■어드바이저   ■마케터
■포인트환전용(생태계구성) ■리저브(보관용)

▶ 가상화폐의 발행과 세일 이후의 자금 사용 계획:

그리고 백서에서 가장 중요한

▶ 가상화폐의 개발자와 운영자들의 프로필: 이 부분이 왜 중요한 것인
지는 뒤에 나올 '가상화폐의 조작' 부분에서 추가로 설명하도록 하겠
습니다.

3) ICO

앞서 주식의 경우에는 'IPO(Initial Public Offering)'라고 설명했습니다. 이
것은 기업공개(企業公開) 또는 상장(上場)이라고도 하는데, 이는 주식을 시
장에 내놓으면서 주식시장을 통해서 자금을 직접 조달하는 구조입니다.
가상화폐도 주식의 상장과 같이 가상화폐를 발행하여 일반인들에게 공개하여 자금을 조달하는 것으로 ICO(initial coin offering)라고 합니다.

- 가상화폐를 발행하고, 자금을 조달하는 방식과 형태에 따라 ICO(Initial Coin Offering: 가상화폐를 발행하여 일반 투자자들에게 공개적으로 판매, 자금을 모집하는 행위), IEO(Initial Exchange Offering: ICO의 비공개 모집 방식의 단점을 개선하기 위하여 가상화폐 거래소를 통해 상장 후 가상화폐를 판매, 자금을 모집하는 행위) 등 다양한 방법으로 진화하고 있습니다.

ICO의 초창기 목적은 블록체인 기술을 기반으로 새로운 암호화폐를 만들기 위해 불특정 다수의 투자자로부터 개발 초기에 자금을 모금하는 과정을 말하는 것이었는데, 크라우드 펀딩(Crowd Funding)으로부터 일반 투자자들을 대상으로 가상화폐 백서와 IR 영상을 공개하여 자금을 모금하는 과정에서 파생되었습니다.

가상화폐 시장에 참여하는 많은 사람은 주식 투자를 병행하는 일반 투자자들인데 가상화폐 시장에서 사용되는 많은 용어가 주식시장의 용어를 인용하거나 변용하여 사용하는 경우가 많아서 마치 주식시장만큼 관리나 규제가 되는 것처럼 '신용'이 부여된 듯한 착각을 불러일으키는 경우가 많습니다.

그것은 가상화폐가 거래되는 사이트를 '거래소'라고 표현하는 것과도 같습니다.

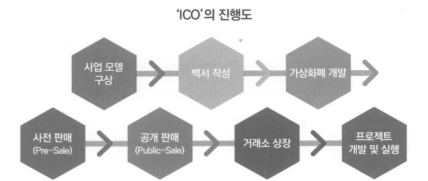

'ICO'의 진행도

4) 가상화폐 거래소

 정식 명칭은 암호화폐 거래소(Cryptocurrency Exchange)라고 부르기도 하고, 암호화폐 시장(Cryptocurrency Market)이라고 부르기도 합니다.

 국내외에 개설되어 운영하는 가상화폐 거래소는 수십 개에 달합니다. 이렇게 많은 가상화폐 거래소가 있을 수 있는 것은 우선 가상화폐 거래소를 개발하는 것은 특별한 기술이 필요한 것이 아니라 일반적인 웹 페이지, 쇼핑몰을 만드는 것과 같습니다.

 초창기 거래소들은 적게는 수천만 원에서 1~2억 원이면 가상화폐 거래소를 만들 수 있었고, 2017년 하반기부터는 비트코인이 폭등하기 시작하여 많은 사람이 가상화폐에 관심을 가지기 시작하면서 우후죽순처럼 수많은 가상화폐 거래소가 생겨나기 시작했습니다. 이러한 상황에서 부실하게 문을 연 가상화폐 거래소에서 시스템 장애도 발생하고, 해커들의 표적이 되면서 해킹을 당하는 거래소도 발생하기 시작했습니다. 가상화폐는 익명성이라는 고유의 특징 때문에 해킹을 당하면 가상화폐 거래소가 가지고 있는 모든 가상화폐를 탈취당하게 되고 가상화폐 거래소는 그대로 폐업의 절차를 밟게 됩니다.

2014년 2월 일본의 가상화폐 거래소 마운트곡스가 비트코인 85만 개를 도난당하는 해킹 사고가 있었고, 이로 인해 가상화폐 거래소는 폐쇄되고 파산 신청까지 이르게 되었지만 현재까지도 그 피해자들의 피해는 보상받지 못하고 있습니다. 국내에서도 가상화폐 거래가 활성화되기 시작한 시점인 2017년~2018년부터 중소형 가상화폐 거래소뿐만 아니라 국내 1위 가상화폐 거래소도 수십억 원에서 수백억 원에 이르는 해킹 사고가 발생하였습니다.

가상화폐 거래소는 지금도 빗썸, 코인원, 업비트 등 대형 거래소뿐만 아니라 수십 개의 거래소가 성업하고 있습니다. 가상화폐 거래소와 가상화폐 사업자 간에는 서로 유착하고 협력할 수밖에 없는 구조가 형성되어 있습니다.

그 이유는 가상화폐 사업자들은 거래소에 가상화폐를 상장하고 유통시켜서 자금을 유치할 필요가 있고, 가상화폐 거래소는 새로운 코인을 상장할 때마다 상장 수수료(한때 적게는 수억 원에서 많게는 수십억 원의 상장 수수료를 지불해야 했습니다) 수익뿐만 아니라 가상화폐와 관련한 투자자를 새 회원으로 유치할 수 있고, 또한 이를 통해 활발한 거래를 유도함으로써 거래 때마다 막대한 거래 수수료 수익을 창출할 수 있기 때문에 그들 간에 은밀한 거래가 시작되는 것입니다.

#▲	이름	거래 점수 ⓘ	거래량 (24시간) ⓘ	평균 유동성 ⓘ	Weekly Visits ⓘ	#마켓 ⓘ	#코인 ⓘ	지원 화폐	거래량 그래프 (7일)
1	Binance	9.7	₩43,364,129,486,048 ▲ 2.95%	642	25,785,672	1167	348	AED, ARS, AUD and +43 more ⓘ	
2	Coinbase Pro	8.5	₩2,324,812,024,181 ▼ 8.04%	505	4,328,359	155	53	USD, EUR, GBP	
3	Huobi Global	8.5	₩11,517,462,710,174 ▼ 5.98%	616	1,542,838	944	318	ALL, AUD, BRL and +47 more ⓘ	
4	Kraken	8.3	₩1,478,481,451,221 ▼ 11.08%	526	4,640,187	284	62	USD, EUR, GBP and +4 more ⓘ	
5	Bithumb	8.2	₩3,705,938,868,465 ▼ 39.56%	256	2,043,549	195	161	KRW	
6	KuCoin	8.2	₩1,442,185,179,552 ▼ 3.46%	440	1,018,401	679	297	TOKEN	
7	Bitfinex	8.1	₩1,021,539,717,545 ▼ 17.96%	475	1,183,286	299	130	USD, EUR, GBP and +1 more ⓘ	
8	Coinone	7.9	₩1,702,958,005,540 ▼ 23.97%	238	662,409	169	168	KRW	
9	Bitstamp	7.7	₩664,745,350,491 ▼ 29.71%	286	1,025,773	53	18	USD, EUR, GBP	
10	Binance.US	7.6	₩503,253,668,937 ▼ 3.96%	303	1,106,728	109	54	USD	

● 최근에는 특정금융정보법 개정안 시행에 따라 가상화폐 거래소는 자금 세탁 방지 의무와 신고 등 제도권 금융사들과 같은 감시 체계와 준법 의무가 부여되어 관리되기 시작했습니다. 가상화폐 거래소도 원화 입출금을 위한 실명 계좌 발급, 한국인터넷진흥원(KISA)에서 정보보호 관리체계 인증도 받아야 하는 등 규제가 생기기 시작했고, 2021년을 기점으로 대규모 구조 조정이 이뤄질 것으로 예상됩니다.

국내에서 처음 가상화폐 거래소가 생겨난 이후, 영업 초기부터 최근까지도 국내에서는 가상화폐 거래소에 대한 대규모 해킹 사건이 발생하며 엄청난 금액의 손실이 발생하기도 하였습니다.

최근 3년 간 암호화폐 거래소 해킹 사고 8건 발생...피해규모는 1200억원 추정

[출처 - http://it.chosun.com/site/data/html_dir/2019/09/30/2019093001597.html]

이러한 해킹 사고에 대비해서 한국인터넷진흥원(KISA)에서는 보안에 필요한 정보보호 관리체계인 ISMS(Information Security Management System) 인증을 받도록 하고 있으나 인증을 받은 가상화폐 거래소마저도 해킹 사고가 일어나는 실정이고, 그렇게 발생한 해킹 사건은 대부분 실체가 명확하게 밝혀지지 않고 끝나는 경우가 대부분이었습니다.

● 가상화폐의 가장 큰 특징은 익명성, 탈중앙화입니다. 그 때문에 아직까지도 음성, 범죄자금이 가상화폐로 거래되고 있으며 이러한 특징으로 인해 가상화폐를 타깃으로 하는 해킹 피해도 계속 발생하고 있습니다.

가상화폐 거래소는 해킹 피해가 발생할 경우 범인을 찾기가 거의 불가능하고, 이로 인해 피해 복구가 불가능합니다. 특히 보안이 취약한 중소형 거래소의 경우 해킹 피해가 발생하면, 회사의 존폐가 달려 있을 정도인 만큼 가상화폐 거래소를 이용할 때 가상화폐 거래소의 규모, 보안 상태 등도 점검하여 이용하는 현명한 판단이 필요합니다.

3.
가상화폐와
다단계

2018년에 가상화폐 열풍이 잦아들고 가상화폐가 대폭락하여 가상화폐 시장이 조정 시기를 겪고 난 후 최근에는 금융 다단계 조직과 가상화폐가 결합하여 사기성 거래가 늘고 있습니다.

보통 다단계 가상화폐의 발생과 생태계를 간략하게 설명하면 새로운 비즈니스 모델을 기반으로 신규 가상화폐를 만들었으나 추가 자금 조달이 어려워 폐업 위기에 몰린 가상화폐 사업자와 금융 다단계 조직들이 결합하여 직접 새롭게 가상화폐를 만들고 있습니다. 금융 다단계 조직은 자금 조달이 어려운 가상화폐 개발 회사를 찾아가서 자신들의 다단계 조직을 활용하여 가상화폐를 팔아 줄 테니 같이 사업을 하자고 접근합니다. 금융 다단계 조직은 블록체인 기술에 대한 기초적인 기술이 없기 때문에 블록체인 기술과 관련된 그럴듯한 외부 포장이 필요하고, 블록체인 기술과 관련된 실체가 있는 회사도 필요하기 때문입니다.

가상화폐 개발 회사는 금융 다단계 업체의 "대규모 자금을 지원해 준다."라고 하는 달콤한 유혹에 넘어가고, 자기들이 만든 모든 가상화폐 판매를 금융 다단계 회사에 위임하게 됩니다.

금융 다단계 회사는 자기들 하부 조직을 통해서 보통 기존 가치의 10배가 넘는 가격에 유통을 시작합니다. 사실 새롭게 만들어진 가상화폐에 어떠한 가치를 부여한다는 것이 모순이지만, 다단계 회사들은 기술적인 내용을 마치 소설처럼 부풀려서 앞으로 상장할 계획이고 그러면 가격의 20배~100배까지 뛴다고 포장하여 판매를 시작합니다.

"누가 이런 말에 속을까." 싶겠지만 전국 조직망을 가진 그들은 결국 가상화폐를 팔아 치웁니다. 아마 이 글을 읽고 있는 독자들 중에서도 한 번쯤은 "가상화폐에 투자해 보지 않겠느냐." 또는 "○○ 가상화폐가 있는데 조금 있으면 가격이 많이 오를 거래."라고 하는 얘기를 들어 봤을 것입니다.

금융 다단계 조직은 처음에 10배를 주고 산 가상화폐를 하부 조직에는 20배에 팔고, 또 그 하부 조직에 40배에 팔아 치우는 방식입니다. 결국, 금융 다단계 조직들은 그렇게 가상화폐를 판매하여 얻은 부당이득 일부를 가상 화폐 개발자들에게 주고 가상화폐를 거래소에 상장한 후, 아래에서 다시 소개할 다양한 가상화폐 가격조작 방법을 이용하여 그들만의 잔치를 끝내고는 곧 사라지게 됩니다. 결국 피해는 금융 다단계의 하부 조직에서 판매한 가상화폐 투자자와 가상화폐가 상장된 후 거래소를 통해서 매수한 투자자에게 고스란히 돌아가게 되는 것입니다.

현재도 테헤란로에는 수많은 다단계 가상화폐 회사가 있고, 가상화폐 회사들을 위한 전문적인 단기 임대 사무실이 있을 정도로 수많은 다단계 가상화폐 회사가 있습니다. 가상화폐의 종류도, 세상의 온갖 과일이 테헤란로에 모였다는 우스갯소리가 있을 정도로 '애플코인', '바나나코인', '멜론코인' 등 그 이름만큼이나 수도 없이 많은 가상화폐가 발행되기도 했습니다.

최근에도 가상화폐 개발업자와 금융 다단계 조직이 사업 결합을 통해 정형화된 프로그램을 활용해서 개발 비용 2~3천만 원과 1주일 정도밖에 안 되는 개발 기간에 마치 복제하듯 부실한 가상화폐를 생산하여 유통하고 있습니다. 이런 2천만 원 정도의 개발비와 1주일 만에 만들어진 부실한 가상화폐가 금융 다단계 조직을 통해서 가치가 허위로 과장되고 포장된 채 가상화폐 시장에서 유통됨으로써 수많은 잠재적 피해자를 양산하고 있습니다.

가상화폐를 만들 수 있는 기본적인 기술 인력조차 없이 가상화폐를 발행하는 이런 회사들과 유통 조직들이 오히려 가상화폐와 가상화폐 시장에 대해서 더욱 부정적 이미지를 만들어 가고 있는 실정입니다.

4.
가상화폐 시장의 조작

주식시장에서도 늘 일어나는 것이 '주가조작'인데, 이것은 '가상화폐 시장'에서도 다르지 않습니다. 오히려 가상화폐의 가격조작은 주식시장의 주가조작보다 더 쉽게 이루어집니다.

국내뿐만 아니라 가까운 홍콩이나 중국에는 수많은 마켓 메이킹(Market Making, 가격조작) 팀이 있으며 이들은 전문적으로 가상화폐 거래소에서 거래량을 만들고 가격을 조종하며 일반 투자자들을 유혹하여 끌어들이기 위한 차트 그리기 작업을 합니다.

주식시장은 주가조작이 발생하면, 비록 완벽하지는 않더라도 금융감독 당국의 규제와 감독으로 그 종목에 '단기 과열 종목 지정' 등 여러 방식으로 시장에 이상 징후에 대한 신호를 보내기도 하고, 피해 주주들의 민원이 커질 경우 금감원의 조사나 검찰 수사에 의뢰하기도 합니다. 하지만 가상화폐 조작은 내부자의 제보가 아니면 적발하기도 어려운 상태입니다.

1) 가상화폐의 가격조작 방법

가상화폐의 조작 방법은 주식시장의 주가조작 방법만큼이나 여러 종류가 있지만, 일반적으로 가상화폐 조작의 목적에 따라서 몇 가지로 나눌 수가 있습니다.

(1) 가두리 방식의 가상화폐 조작

최근 대표적인 가상화폐 가격조작 방식은 가상화폐 거래소 상장 후 가두리 방식과 자동 거래 시스템을 통한 거래량 조작 방식 등을 이용합니다.

가두리 방식은 '특정 가상화폐 거래소'에 그 가상화폐만을 단독으로 상장하고 일반 투자자의 가상화폐 입출금을 인위적으로 막아 특정 거래소가 만들어 낸 제한된 계좌와 제한된 물량만 거래가 되도록 하는 방식입니다. 이는 가상화폐를 보유한 발행사가 높은 가격에 물량을 처분하기 위한 목적입니다.

처음에는 제한된 물량과 제한된 계좌만으로 가상화폐 가격을 인위적으로 상승시킵니다. 상승세가 어느 정도 형성되는 것처럼 그럴듯한 거래 차트가 만들어지면, 일반 투자자들의 매매가 활발한 것처럼 거래량과 거래 금액 차트를 완성합니다. 그 후, '특정 거래소'가 일반 투자자들의 가상화폐 입출금 계좌에 대한 제한을 풀어서 일반 투자자들이 그 가상화폐 거래에 참여하도록 유도하고 일반 투자자들의 추격 매수가 들어올 때 매도 물량을 대량으로 거래하면서 일반 투자자들에게 가상화폐를 고가에 매각하는 방식입니다.

이 가두리 방식은 일반 투자자들의 매수세를 끌어들이는 것이 중요한 목적의 하나이기도 합니다. 하지만 신규 발행된 가상화폐일 경우 거래소가 한 군데가 아니라 여러 군데에서 거래되어야 많은 양을 거래할 수 있는데, 그렇게 여러 군데의 가상화폐 거래소에서 일반 투자자들을 끌어들이기 위해서는 먼저 그 가상화폐가 어떤 한 군데의 거래소에서 거래가 되고 있다는 프로필이 필요하기 때문이기도 합니다.

즉, 가상화폐 거래소마다 진입 규정의 난이도 차이가 있기 때문에 먼저 '진입이 쉬운 가상화폐 거래소'에 가상화폐를 상장(ICO)해 놓고, 그 가상화폐의 거래 실적 등을 가지고 있어야 좀 더 회원 수가 많은 대규모 가상화폐 거래소로 진입할 수 있기 때문입니다.

가두리 방식의 가상화폐 조작은 가상화폐 발행회사가, 예를 들어서 100억 개의 가상화폐를 발행하기로 했다면, 먼저 5억 개의 가상화폐를 가상화폐 발행 업체와 협의하고 가상화폐 거래소와 공모한 후 그 거래소에 지급합니다.

이럴 때 가상화폐 거래소가 자기들의 프로그램으로 조작된 가짜 계좌들을 동원하여 가상화폐 가격을 인위로 끌어올리게 됩니다.

좌측의 표는 실제 '가두리 방식의 가상화폐 조작'이 이루어진 실제 거래 차트입니다. 가상화폐 1개의 단위는 1원이고 표의 기준 가격은 US달러(USD)입니다. 즉, 이 가상화폐의 경우 가상화폐 1개의 가격이 첫날 0.001500USD에서 거래되기 시작하여 거래일 3일 만에 0.095940USD로 최고가에 오릅니다.

0.095940USD를 한화로 약 100원으로 가정했을 때, 그 가상화폐의 가격은 1개당 액면가 1원에서 100배를 상승한 것과 같습니다. 즉, 그 가상화폐 업체가 100억 개의 가상화폐를 발행하기로 했다면 그 가상화폐의 시가총액은 단 3일 만에 1조 원에 이르게 된 것입니다.

여기서 '가두리'라고 표현하는 이유는, 이 가상화폐에 대해서는 외부에서 매수나 매도에 관여하기 어렵습니다. 이 가상화폐의 매매에 관여하기 위해서는 그 거래소에서만 사용하는 계좌(전자 지갑)가 필요하기 때문입니다.

따라서 그냥 그 가상화폐 매매에 외부에서 간섭을 하지 못하도록 그 가상화폐를 '가두리'에 가둬 놓고 프로그램으로 조작된 매매가 이루어지는 것입니다.

(2) 자동 매매 프로그램 봇(Bot)을 활용한 조작

프로그램 자동 거래 봇을 이용하는 방식도 있는데, 만약 신규 가상화폐라면 대규모 거래가 이루어지는 것처럼 프로그램 자동 거래 봇으로 초단위로 매도와 매수 거래를 반복하여 발생시켜 가는 방식으로 거래량을 인위적으로 조작하여 풍부한 거래 유동성을 보여줌으로써 일반 투자자들의 관심을 유도하고 추격 매수를 하도록 유인하는 것입니다.

보통 자동 거래 봇은 각 거래소별로 봇을 이용할 수 있도록 API(통신 프로토콜)을 제공하고 있으며 이를 이용한 자동 거래 봇은 수십 종에 이릅니다.

위에서 본 가상화폐의 거래 그래프에 나타난 것처럼 하루 거래대금이 무려 4백억 원에서 1천억 원 가까이 이르게 되는데, 외부에서 보기에는 마치 그 가상화폐의 가치가 시장에서 정당하게 인정을 받고 값이 엄청나게 오르는 등 거래가 매우 활발하게 움직이는 것처럼 보입니다. 하지만 이 거래의 실제 내용은 모두 그 거래소에서 운영하는 프로그램 봇으로 조작한 것입니다.

즉, 이 가상화폐는 거래소에 있는 조작된 계좌(전자 지갑)와 그 계좌에 입금된 가짜대금으로 프로그램을 갖고 조작하여 마치 실제로 많은 거래가 이루어진 것처럼 보이게만 한 것입니다. 이 거래에는 실제로 자금이 오가거나 가상화폐가 거래되지 않았던 것입니다.

이렇게 실제 일어나지 않는 거래를 프로그램으로 실제 대규모 거래가
일어나는 것처럼 조작하는 거래라는 것을 파악하는 것은 그리 어렵지 않
습니다.

표1 - 체결 창   표2 - 주문 창

표 1에서 보면 당시 거래의 실시간 거래 체결 내용을 나타냅니다. 맨
왼쪽은 체결 시간을 나타내고, '유형'은 매수 주문에 따라 거래가 체결되
었는지, 매도 주문에 따라 체결되었는지를 나타냅니다. 또한 가격은 거
래가 체결된 가격을 나타내며, '수량'은 거래가 체결된 가상화폐의 수량
을 나타내는 것입니다.

표 2에서 보면, 매수하고자 하는 물량과 가격이 주문 시간 순서대로 나
열되어 있고, 매도하고자 하는 물량이나 가격 역시 시간대별로 오른쪽에
나열되어 있습니다. 제일 상단의 '매수'와 '매도' 가격이 가장 근접한 매
매 주문입니다.

10.51k	0.023986	0.024178	1.32k

여기서 이 거래소에서 벌어지는 가상화폐가 프로그램에 의한 조작이라는 것을 확인할 수 있는 방법은 이렇습니다.

표 2의 주문 창을 보면 '매수'와 '매도'의 가격대는 소수점 이하 6개의 단위로 구성되어 있습니다. 이는 대부분의 가상화폐 거래소 매매 창의 호가 창 가상화폐 가격대가 이렇게 이루어져 있습니다. 그만큼 매수가와 매도가 사이에 거래를 체결할 수 있는 가격대의 중간 폭은 넓게 분포할 수 있다는 것입니다.

10.51k	0.023986	0.024178	1.32k

즉, '매수'와 '매도'에 가장 가깝게 접근해 있는 호가를 보면, 매수 주문은 0.023986이고 매도 주문은 0.024178입니다. 다시 말해서 0.023986에서 0.024178 사이에는 매매를 체결할 수 있는 가격대가 122개나 있는 것입니다.

이때, 예를 들어서 매수 가격대인 0.23986에서 가상화폐 1개의 매수 주문을 넣고, 매도 가격대인 0.23987에서 가상화폐 1개의 매도 주문을 넣게 되면 그토록 활발하게 이루어지던 가상화폐 거래는 멈추게 됩니다. 즉, 매수와 매도 사이의 갭(Gap)을 없애 버리는 이 조작 프로그램은 작동하지 않습니다.

왜냐하면 실제 거래가 아니고, 거래대금이 실제로 오고 가지 않는 조작된 프로그램 매매이기 때문에 실제 거래대금이 있는 계좌로 주문을 넣으면 조작 프로그램은 작동하지 않는 것입니다.

조작 프로그램 봇의 거래에 실제의 주문이 개입하게 되면 거래대금을 실제로 지급해야 하는데 조작 프로그램의 계좌에는 실제 지급할 대금이 들어있지 않기 때문입니다.

실제 이 가상화폐의 거래가 활발하게 진행되는 중간에 앞서 설명한 것과 같은 실제 주문을 넣었을 때, 그토록 활발하게 거래되던 그 가상화폐는 4시간이 넘도록 거래가 멈추었습니다. 그 후 실제 매수와 매도 주문을 취소한 후에야 그 가상화폐는 다시 활발히 거래가 되었습니다(거래가 되는 것처럼 보이게 됩니다).

이처럼 프로그램 봇의 가상화폐 조작은 중소 규모 가상화폐 거래소에서 자주 목격되는데 때로는 일반 투자자들을 거래에 끌어들여야 할 시점이 되면, 가상화폐 거래소에서는 이 방식으로 가상화폐 프로그램 조작을 적당한 시기에 중단하면서 고가로 왜곡된 가격을 형성한 가상화폐를 일반 투자자들에게 떠넘깁니다. 그러면서 가상화폐 거래소는 거래에서 빠지는 방식을 병행하기도 합니다.

(3) 롤링(Rolling) 팀에 의한 가상화폐 조작

가상화폐 가격을 조작하는 팀을 가상화폐 시장에서는 '롤링(Rolling) 팀' 또는 마켓 메이킹(Market Making, 가격조작) 팀이라고 하는데, 이는 주식 시장에서 주가조작 '수급 팀'과 같은 역할을 합니다.

가상화폐 시장에서는 국내뿐만 아니라 홍콩이나 중국 현지인들로 이루어진 여러 조직의 롤링 팀들이 서로 연계하여 활동하면서 가상화폐 시장의 가격조작에 가담하고 있는데 이들은 대부분 일부 거래소와 유착해서 움직이고 있습니다.

롤링 팀이 가상화폐 가격을 조작하는 수법은 주식시장에서 벌어지는 주가조작과 그 구조가 거의 같습니다.

주식시장의 주가조작과 약간 다른 점은 앞서 설명한 것처럼, 주식시장은 그나마 감독기관으로부터 어느 정도 감시와 규제, 감독을 받게 되는데 가상화폐 시장의 가격조작은 오히려 가상화폐 거래소와 공모하거나 담합할 때가 많고 대부분 해외에 서버를 두고 활동하기 때문에 적발하기가 쉽지 않고 그 수법은 주식시장의 주가조작보다 더 대담합니다.

롤링 팀이 가상화폐의 가격을 조작하는 방법은 허매수와 허매도뿐만 아니라 담합에 따른 주문으로 행해지는 통정매매의 수법을 포함하여 주식시장에서 벌어지는 거의 모든 불공정거래 수법을 이용한 다양한 불법적인 방법 등을 사용합니다.

이러한 불법적인 매매 기법에 대해서는 뒤에서 다루게 될 '7장. 기업범죄와 주가조작의 수사 방식과 형태'나 앞서 설명했던 '3장. 주가조작의 여러 종류와 형태'를 참고하셨으면 합니다.

2) 가상화폐 발행 주체의 은폐

국내에서 발행되는 가상화폐 대부분은 발행 주체(법인)를 국내에 두지 않습니다. 이는 가상화폐 발행에 대한 우리나라의 규제가 심해서이기도 하지만, 이처럼 발행 주체의 법인을 국외로 돌리는 이유는 가상화폐를 발행한 후에 대규모 투자금을 유치하고 그 후 발생하는 민·형사적인 법률 공격을 피해 가기 위함입니다.

미국이나 유럽에 법인을 두기도 하지만 국내 가상화폐 업체들이 많이 진출하는 곳은 싱가포르나 홍콩, 북대서양의 섬나라 버뮤다, 지중해의 몰타 등입니다.

그곳 현지의 법무법인이나 법무사 등을 통하여 현지인을 차명의 디렉터(Director)로 섭외한 후 그곳에서 현지 법인을 설립하여 가상화폐 발행의 주체로 만들어 놓습니다. 하지만 그 가상화폐의 실질적인 운영은 대부분 대한민국에서 국외에 설립된 회사의 지사나 대리점 또는 영업점 형태로 진행하게 됩니다.

3) 가상화폐 조작의 공모

가상화폐의 조작은 발행 주체 법인 단독으로 이루어질 수는 없습니다. 가상화폐 조작은 대부분 그 가상화폐가 거래되는 거래소와 공모하여 이루어집니다.

새로운 가상화폐가 거래소에 상장하게 되면 거래소는 상장 수수료를 받고 신규 가상화폐를 보유한 투자자들을 회원으로 유치할 수 있고, 가격이 오르고 거래량이 늘면 거래 수수료 수익이 발생합니다. 중소형 거래소는 이러한 수익을 무시할 수 없고, 그들에게 동조할 수밖에 없는 생태계가 자연스럽게 구성됩니다.

모든 가상화폐 거래소가 가상화폐 조작에 가담하고 있다고 말할 수는 없지만, 상당수의 가상화폐 거래소가 이러한 가상화폐 조작에 가담하여 가상화폐 발행회사와 부당이득을 나누어 갖게 됩니다.

5.
우량 가상화폐를
찾는 법

현재 실물화폐 제도에 대한 폐해와 자본 소득에 대한 불균형 등으로 인해, 개인적으로는 '가상화폐'에 대하여 우호적인 인식을 가지고 있습니다.

비트코인 개발자인 사토시 나카모토는 실물화폐가 화폐 근본의 가치 척도 기능인 화폐본위(本位貨幣)를 포기하고 경제 상황과 정책 수립 과정에서 무분별하게 화폐 발행을 남발하면서 발생한 실물화폐의 신뢰성에 문제를 제기하는 것이 비트코인의 개발 배경이었다고 설명한 바 있습니다. 하지만 비트코인과 함께 블록체인 기술이 대한민국에 들어오면서 국내에 만들어지기 시작한 가상화폐 시장은 '사토시 나카모토'의 발행 의도였던 실물화폐의 폐해를 극복하기는커녕 가상화폐 자체가 투기 대상이 됨으로써 가상화폐 시장은 투기장이 되어 버린 느낌입니다.

주식을 발행하는 주식회사에는 기본으로 '청산가치'라는 것이 있습니다. 청산가치란, 그 회사가 사업을 중단하면 가지고 있던 회사의 자산을 주식 수에 따라 배분하게 되는 가치를 말합니다. 하지만 지금 대한민국에서 발행되는 모든 가상화폐에는 어떠한 기본적인 청산가치나 화폐본위(本位貨幣)도 가지고 있지 않습니다. 그런 측면에서도 가상화폐의 투자는 주식투자와는 또 다른 위험성이 있는 것입니다. 그러므로 이 책을 통해 과거에 제가 가상화폐 비즈니스를 기획하고 실행하면서 개인적인 경험으로 얻은 지식을 몇 가지 알려 드리고 여러분들에게 가상화폐 투자에 작은 도움을 드리겠습니다.

1) 백서(白書, White Paper)에서 프로그램 개발자 확인

가상화폐를 발행하고 유통하기 위해서는 반드시 백서를 발행해야 합니다. 하지만 수많은 가상화폐 발행 업체들이 이 백서에서 개발자나 개발팀을 허위로 등재하는 경우가 있습니다.

특히 개발자는 허위 프로필로 외국인을 가장하여 백서에 기재하는 경우가 많기 때문에 백서에 등장하는 개발자의 실체에 대해서는 검색을 해 보거나 백서에 기재된 이메일 주소나 연락처를 이용하여 약간의 수고를 들여서라도 실체를 파악한 후 개발자의 경력이나 과거 개발 이력 등을 꼼꼼히 파악한 다음 투자할 가상화폐를 선택한다면 그나마 조금은 안정된 가상화폐를 선택할 수 있을 것입니다.

2) 가상화폐의 사업 모델

가끔은 '보물선 인양' 같은 터무니없는 사업 모델을 가지고 가상화폐를 발행하면서 투자자를 모으는 경우가 있습니다.

보통 이런 사업 모델의 투자자 접근 방식은 금융 다단계 형식의 홍보나 투자 유치 영업 사원을 통하여 투자자에게 접근하게 됩니다. 이런 가상화폐는 접근조차 하지 않는 것이 좋습니다.

백서 내용에 나와 있는 사업 모델이 얼마나 대중성이 있는지가 중요하고, 배경 기술의 기술력도 중요한 선택 포인트입니다.

사업 모델이 대중성이 있다는 것은, 미국의 달러화가 전 세계의 기축통화가 되면서 모든 사람에게 안정 자산으로 인정받고 있지만 아프리카의 어느 나라 화폐는 휴지 한 개를 사는 것에도 휴지보다 더 많은 현금을 가지고 가야 하는 것과 마찬가지이기 때문입니다.

즉, 많은 사람이 사용을 해야 안전한 화폐로 인식되는 것처럼, 사업 모델의 대중성은 그 가상화폐의 대중성과도 맞닿아 있어 가상화폐 시장에서는 성장성이 있다고 봐야 합니다.

3) 독자적 배경 기술

여기에 투자 대상 가상화폐를 발행할 때 배경 기술이 중요하다는 의미는, 독창적인 배경 기술이 없다면 제삼자가 비슷한 기술로 비슷한 가상화폐를 만들어 영업 침투가 쉽기 때문에 투자 대상 가상화폐의 배경 기술과 그 기술에 대한 특허권 등이 몇 개라도 있는 가상화폐라면 조금은 안정된 가상화폐라고 볼 수 있습니다.

4) 대형 거래소에 등록된 가상화폐

 앞서 설명해 드렸듯이 정부에서 공인한 가상화폐 거래소는 어디에도 있지 않습니다. 하지만 대형 거래소일수록, 그나마 자체적인 상장 요건을 나름대로 까다롭게 적용하고 있고, 그 거래소에서 거래하는 가상화폐를 '불법 공시' 등에 대해 관리를 하고 있으므로 신규 거래소나 중소형 거래소에서 거래되는 가상화폐보다는 대형 가상화폐 거래소에서 거래되는 가상화폐가 그나마 조금 더 안정된 가상화폐라고 보면 될 것입니다.

5) 가상화폐 발행 업체의 경영진에 대한 확인

 주식시장에서도 종목 선택에 있어서 가장 중요한 것이 경영진의 도덕성입니다. 아무리 매출이 좋고 성장성이 높은 종목이라고 하더라도 경영진의 도덕성이 없다면 그 종목은 하루아침에 휴지 조각이 되는 경우가 비일비재하기 때문입니다.

 보통 주식시장에서는 과거에 주가조작이나 불법 M&A를 벌인 사람들이 또다시 같은 범죄를 벌이는 경우가 많은데 가상화폐 시장도 마찬가지입니다. 그래서 투자할 가상화폐를 선택할 때도, 그 업체의 법인 등기부 등본이나 백서에 등장하는 가상화폐 운영진 등을 검색해 보는 등 시간을 들여서 조사해 보면 어느 정도 파악할 수 있습니다. 특히 백서나 법인 등기부 등본에 나타나 있는 운영진들이 서로 개발 인연이 있는지, 이들의 이력이 서로 시너지를 얻는 연관 관계가 있는지 파악하는 것도 매우 중요합니다.

꿈, 암호화폐의 도시
(City of the Cryptocurrency)

저도 오래전부터 어떤 가상화폐의 발행과 유통에 대한 계획을 가지고 있습니다. 그리고 몇 가지의 가상화폐 비즈니스를 기획하고 실행했던 경험이 있는데, 처음 가상화폐에 대한 비즈니스 아이디어를 떠올리게 된 이유는 유럽으로 탈출하는 아프리카의 '난민'을 보면서였습니다.

세계 여행을 하다 보면, 어느 나라에는 사람이 한 명도 살지 않는 광활한 땅이 여러 곳에 있는 것을 볼 수 있는데 '왜 아프리카의 수많은 사람이 자기와 사랑하는 가족들의 생명을 버려 가면서까지 유럽으로 가려고 하는 것일까?', '그들이 살 수 있는 땅을 만드는 것은 불가능한 일일까?' 하는 생각에서 시작됐습니다.

그리고 제가 여행했던 나라들 중에서 과거 소비에트 연방 국가에서 독립한 어떤 나라에는 사람들이 거의 살고 있지 않는, 하지만 사람들이 행복하게 살 수 있는 자연환경을 갖춘 광활하게 펼쳐진 땅들이 많이 있었는데 그런 곳에 '가상화폐를 이용해서 난민을 위한 도시를 만들 수 있지 않을까?'라는 생각이 었습니다.

개발하지 못하는 땅을 제공하는 나라가 외교와 국방에 대한 권한을 가지고 일정한 구역에 자치권을 부여해 주고 그 토지에서 가상화폐를 화폐본위(貨幣本位)로 하여 발행한다면 아마도 또 다른 '가상화폐 기축통화'가 될 수 있지 않을까? 그렇게만 된다면 기존 실물화폐의 도움을 전혀 받지 않고도 '난민들을 위한 도시'를 만들 수 있지 않을까?

지금도 그런 꿈을 꾸면서 블록체인과 가상화폐 그리고 딥 러닝에 관련된 책을 읽고 사업을 구상하고 있습니다. 언젠가는 그 꿈을 향해 첫발을 내딛게 되는 날이 올 수 있지 않을까요?

7장

기업 범죄와 주가조작의 수사 방식과 형태

#기업 범죄   #인지 수사   #코스닥

자세히 보기 >

제보자 X의 기록

　제가 살아오면서 30여 년간 경험했던 자본시장과 주식시장은 법률과 규칙이 결코 공정하고 정의롭게 적용되는 시장은 아니었습니다. 오히려 불공정하고 불법적인 행위를 저질러야 빠른 시간 내에 막대한 부를 쌓을 수 있는 곳이었고, 그러한 부정행위들도 전관 변호사들이나 관련 공무원들이 유착하여 얼마든지 처벌을 피해 가거나 실체를 축소할 수도 있다는 것을 바라보고는 했습니다. 일반 투자자로부터 시작해서 사이버 애널리스트, 피해 주주 모임 운영진(BBK, 옵셔널벤처스), 기업 사채업자, 상장회사의 CEO, 상장회사의 오너, 기업 구조조정 책임자, 그리고 검찰의 금융조사부 수사관의 역할까지. 여러 위치에서 다양한 시각으로 자본시장과 주식시장을 바라볼 수 있었습니다.

　오랜 기간 자본시장과 주식시장에서 지내다 보면 제가 했던 대부분의 경험을 하게 될 수도 있겠지만 검찰에서 그것도 '여의도 저승사자'라 불리는 금융조사부(금조부)에서 기업 범죄를 분석하는 수사관 역할을 했던 2년 6개월의 경험은 누구나 쉽게 할 수 있는 경험은 아니라고 생각합니다. 금조부에서 보낸 2년 6개월의 시간은 그동안 제가 경험해 왔던 주식시장이 '어떻게 기업 범죄 수사에 활용되고 적용되는지'를 실감했고, 그러한 기업 범죄의 수사 과정에서나 수사의 결과가 발표될 때 몇 번은 스스로 감탄하기도 했습니다. 먼저 기업사채업자의 경험은 주식시장에서 거액의 자금 거래가 있을 때 자칫 작은 판단의 실수가 수십억 원에서 수백억 원의 돈을 한순간에 휴지로 만들 수도 있기 때문에 여러 각도에서 해당 회사의 내부 리스크를 파악하고 심도 있게 체크해야 했습니다. 그렇게 훈련된 회사 내부의 리스크를 체크하는 방법은, 기업 범죄 수사를 하는 위치와 시각에서 보게 되면 범죄의 혐의점을 찾을 수 있는 방법이 될 수 있었습니다.

또한 상장회사의 CEO나 오너의 경험은 회사가 보유한 '주식의 발권력(주식을 찍어 낼 수 있는 힘)'이 어떻게 주식 가격의 형성에 영향을 미칠 수 있는지, 회사 내부의 정보가 생성되고 유통되는 과정에서 어떻게 주식 거래에 이용되고 활용되는지 등에 대해서는 이것이 기업 범죄를 수사하는 시각에서 바라볼 때 어떤 지점에서 혐의점을 찾아 들어가야 하는지 감지할 수 있었습니다. 그리고 애널리스트 경험은 애널리스트가 어떻게 주가 형성에 영향력을 갖고 있는지, 애널리스트를 주가조작에 끌어들이려는 세력들이 어떻게 접근하고 어떻게 활용하고 또 어떻게 부당이득을 만들어 가는지와 주식시장에 기생하는 언론과 기자들을 이용해서 그 회사를 외부에서 포장하는 방법, 포장한 정보를 어떤 시점에서 발표하는지 등에 대한 것들을 기업 범죄 수사에서는 주가조작 세력이나 무자본 M&A 세력들과 외부 애널리스트들과 주식시장에 기생하는 언론이나 기자들이 공모하고 유착한 관계를 파고들 수 있는 '수사의 핵심적인 지점을 찾아낼 수 있는 눈'을 뜨게 되었습니다.

끝으로 일반 투자자의 경험이나 상장폐지된 주식의 피해 주주 모임 운영진으로서의 경험은 기업 수사의 시각에서 본다면 피해 주주들의 절박함과 수사 결과가 피해 주주들의 피해 복구에 어떤 방식으로 도움을 줄 수 있고, 때로는 어떤 절망감을 줄 수 있는지도 직접 확인할 수 있었습니다. 쉽게 경험할 수 없는 저의 이러한 경험을 기록으로 남겨서, 일반 투자자(소액주주)들과 기업 범죄를 취재하는 '정의로운 일부의 기자들'에게, 그리고 기업 범죄 수사에 참여하거나 참여하게 될 수사 실무자들에게도 7장에서 쓰는 글이 아주 작은 도움이나마 됐으면 합니다. 다만 읽는 이들의 이해가 쉽도록 복잡한 법률 조항이나 지나친 전문 용어는 배제하고 되도록 쉽게 표현하는 것을 양해 바랍니다.

1.
기업 범죄

'기업 범죄'라고 하면 많은 사람은 재벌 기업들이 시도 때도 없이 벌이는 사건들을 떠올립니다. 그들이 벌이는 기업 범죄의 종류는 아주 다양합니다.

과거에는 주로 독재 정권에서 각종 특혜를 받을 목적으로 불법 정치 자금을 제공하기 위해서 벌였던 '비자금 조성'이 언론에 많이 보도되고는 했습니다.

'비자금 조성'은 불법 정치 자금을 제공하기 위한 것은 물론이고 재벌 오너들의 치부를 위해서도 필요했고, 상속 과정의 탈세를 위해서도 필요했습니다.

당시 재벌들이 벌인 기업 범죄의 방식은, 회사의 이익을 비용으로 분식회계 처리해서 자금을 조성하거나 하도급 업체를 통한 불법 자금 조성 방식 등의 고전적인 방법에서부터 해외 지사를 통한 비자금 조성, 자회사 인수와 매각 과정에서 이면 계약을 통한 비자금 조성에 이르기까지 다양했습니다. 하지만 그때도 주가조작 범죄는 늘 있었습니다.

하지만 단 한 번도 이 재벌 기업 오너들의 범죄는 온전히 밝혀진 바가 없었고 제대로 처벌된 적도 없었습니다. 일부 내부자들의 제보로 언론에 의해서 공론화된 후에도 대부분 '징역 3년에 집행 유예 5년'의 정형화된 결과로 끝나 버리고 말았습니다.

이러한 재벌 기업의 오너들이 저질렀던 기업 범죄의 방식은 조금 더 진화하고 다양해지면서 M&A 주식시장으로 은밀하게 퍼져 나갔고 지금 이 순간에도 벌어지고 있습니다.

2.
기업 범죄
수사의 시작

 기업 범죄의 수사는 대부분 주가조작 피해 주주들의 민원 제기나 회사 내부의 경영권 분쟁 과정의 고소, 고발에서 시작하기도 하고 때로는 다른 사건을 수사하는 과정에서 회사 내부자들의 제보로 사건을 인지하면서 기업 범죄 수사를 시작하기도 합니다.

 피해 주주들의 민원 제기나 경영권 분쟁 과정에서 발생한 고소, 고발 그리고 내부자의 제보일 때는 대강의 증거들이 제출되고 피해자 진술 등으로 그 회사나 관련자들의 범죄 혐의에 대해서 어느 정도 윤곽이 그려지기도 합니다.

 하지만 피해 주주들의 민원 주장이나 경영권 분쟁 과정에서 발생한 고소, 고발 그리고 내부자의 제보에도 각자 나름대로 이해관계가 포함되기 때문에 그 기업 범죄의 전체 윤곽을 파악하지 않고는 정확한 범죄의 혐의와 범위를 판단하기에는 어려움이 많습니다.

1) 경영권 분쟁의 예

● 참엔지니어링 경영권 분쟁 사건

참엔니지어링은 자회사로 '참저축은행'까지 보유했던 건실한 회사였습니다. 그러나 이 회사는 창업자와 전문 경영진 간에 일어난 내부 경영권 분쟁의 전형을 보여 줬던 사건입니다.

사건의 시작은 창업자가 회사의 일부 자금을 횡령, 배임했던 내용을 전문 경영진으로 영입되었던 대표이사가 문제를 제기하면서 검찰에 창업자를 고발하게 됩니다. 이에 창업자는 자기가 장악하고 있던 '이사회'를 소집하고 대표이사 해임안을 통과시키게 됩니다. 하지만 대표이사의 해임은 이사회가 의결하고 그것을 '주주총회'에서 승인을 받아야 합니다. 전문 경영진 대표이사는 이때 소액주주들에게 도움을 요청하고, 소액주주들이 전문 경영진 대표이사에게 의결권을 몰아주어 창업자가 자기를 배신했다고 진행했던 대표이사 해임은 실패로 돌아갑니다.

'전문 경영인 대표이사'는 자신이 경영권(대표이사)을 유지하게 되자, 한 발 더 나아가서 당시 창업자의 대주주 지분이 사채업자에게 담보가 되어 있다는 것을 파악하고, 사채업자에게 접촉하여 창업자의 지분을 비슷한 조건으로 인수하여 스스로가 대주주가 되어 버립니다. 하지만 창업자의 반격도 만만치 않았습니다.

창업자도 '전문 경영인 대표이사'가 저지른 경영상의 불법 행위를 파악해서 검찰에 고발합니다. 결국 창업자는 물론 '전문 경영인 대표이사'도 검찰의 기소로 재판에 회부되면서 막장 드라마 같은 경영권 분쟁은 끝모를 진흙탕 싸움으로 빠져들게 됩니다.

결국 수사를 진행하던 검찰에서는 분쟁 당사자들이 서로 공격하기 위해서 제출하는 증거들과 진술들로 어렵지 않게 수사를 할 수 있었다고 봅니다.

2015년에 시작했던 이 경영권 분쟁 사건은 2020년에 와서야 어느 정도 일단락됐지만, 그 과정에서 매출액은 반토막이 나고 영업 이익은 대규모 적자로 돌아섰으며 소액주주들은 그만큼 투자 피해와 정신적인 고통을 겪어야 했습니다.

이 사건에서 유일한 승자는 경영권 분쟁 과정에서 엄청난 수임료를 받고 법률 대응을 수행했던 대규모 로펌과 전관 변호사들뿐이었습니다.

참엔지니어링, 경영권 분쟁 일단락…"열린경영 실현"
| 최종욱 사장, 주총서 대표이사 복귀

[출처 - https://zdnet.co.kr/view/?no=20150407165846]

참엔지니어링, 참저축은행 경영권 분쟁 불씨 제거
'2대 주주' 한인수 전 대표 지분 인수, 지분율 85.82%로 확대…지배력 강화

[출처 - http://www.thebell.co.kr/free/content/ArticleView.asp?key=202006291532389680103956]

● 디지텍시스템즈 경영권 분쟁 사건
디지텍시스템즈는 스마트폰용 터치스크린을 제조하는 회사로 삼성전자의 1차 벤더(Primary vendor, 1차 협력 업체)였습니다. 스마트폰의 등장과 함께 급성장하여 업계 점유율 1위, 매년 1500억 원가량의 매출과 함께 100억 원대 이상의 영업 이익을 지속하던 매우 우량한 회사였습니다.

하지만 코스닥시장에 상장된 후 회사의 오너가 2012년 M&A시장에 회사를 매물로 내놓으면서 무자본 M&A 세력들의 타깃이 되었습니다.

결국은 디지텍시스템즈는 그때 무자본 M&A 시장에서 가장 활발하게 활동을 하던 기업사채업자 출신인 최 모 씨의 손안으로 들어가게 됩니다. 최 모 씨는 M&A 주식시장에도 꽤 유명했던 사람으로 저와도 개인적인 인연*이 있었습니다.

최 모 씨가 디지텍시스템즈를 무자본 M&A할 수 있도록 도운 사람은 뜻밖에도 회사 '내부자'였습니다. 디지텍시스템즈가 비상장이었을 때부터 재무팀장을 맡았던 N 씨가 내부자였는데 그가 자신이 몸담고 있던 회사의 매각 과정에서 핵심적 역할을 할 수 있었던 것은 또 다른 이유가 있었습니다.
창업자들은 대부분 회계 업무에는 문외한입니다. 특히 기술 업종의 창업자들일 경우에는 회계의 법률적 문제에 대해서 더욱 이해가 부족하기 때문에 자기가 신뢰하는 재무, 회계 전문가에게 재무와 관련된 전체 업무를 일임하고 의지하게 됩니다.

회사가 상장되지 않고 비상장일 경우에는 외부 회계감사를 받지 않거나, 외부 회계감사를 받는다고 하더라도 어느 정도 회계적인 문제들은 덮거나 수습하면서 큰 문제없이 회사를 경영할 수 있습니다.

---

* 최 모 씨는 작은 신체에 비해서 배포가 매우 좋고 베팅이 크고 시원한 여러 에피소드가 있습니다. 또한 법조계와도 밀접한 관계를 유지하고 있는 것으로 유명합니다. 디지텍시스템즈 이외에도 햇반을 처음 개발했던 '고제'라는 회사의 기업 사건과도 관련이 있습니다.

하지만 그 회사가 주식시장에 상장하게 되면 더욱 엄정한 회계감사는 물론이고, 여러 경영 상황에 대해서 자본시장법에 따른 공시를 진행해야 합니다. 그렇지 않을 때는 민사 책임은 물론이고 형사 처벌까지 받아야 합니다.

비상장 당시부터 재무 책임자였던 N 씨는 오너가 비상장이었을 때 무심하게 넘겨 왔던 회사 내부의 일부 분식회계나 주식의 차명계좌 운영, 절세라고 생각했던 탈세와 일부 비자금 형성 과정에 재무 책임자로서 관여해 왔기 때문에 상장회사가 된 디지텍시스템스의 오너 입장에서는 매우 큰 부담이었습니다.

저의 주식시장 경험으로는 이런 상황이 될 경우, 꼬리가 몸통을 흔드는 '왝더독(Wag the dog)' 현상이 벌어지는 경우가 많습니다. 즉, 재무 책임자가 오너의 과거 경영상 문제점을 한 손에 쥐고 오너의 결정권에 직접 개입하거나 오너를 넘어서는 결정권을 행사하게 되고 오너는 자신의 측근이라고 믿었던 재무 책임자의 결정에 끌려다니게 됩니다.

이런 내부 결정 과정에서 충돌이 생길 경우, 오너와 재무 팀장의 내부 분쟁으로 경영권 분쟁이 생기는 경우도 있습니다. 이런한 분쟁 과정에서도 서로가 서로를 공격하게 되는데 그렇게 양쪽의 범죄 혐의들이 서로의 공격 과정에서 모두 드러나고 결국에는 양쪽 모두 형사 책임을 지게 됩니다. 대부분 형사 재판에서 오너의 형량에 비해 재무 팀장은 2분의 1이나, 3분의 1의 형량으로 결정되는데, 그만큼 회사의 오너에게 더 큰 책임이 돌아가는 것으로 끝나게 됩니다.

디지텍시스템스의 경우도 이와 비슷한 배경으로 재무 팀장이던 N 씨가 무자본 M&A 과정에서 중요한 역할을 하게 되면서 '디지텍시스템스'의 인수자로 등장한 기업사채업자 최 모 씨의 부족한 인수 자금을 재무 팀장이던 N 씨가 '디지텍시스템스'의 일천억 원대가 훌쩍 넘는 막대한 회사 내부의 유보 자금을 우회하여 지원해서 그의 무자본 M&A가 성공하는 결정적인 역할을 하게 됩니다.

일천억 원이 넘는 회사의 유보금이 순식간에 외부로 불법 유출되면서 완성됐던 '디지텍시스템스 무자본 M&A'는 결국, 매우 우량했던 회사를 벼랑 끝으로 몰고 갔고, 주당 1만 원을 웃돌던 주식은 하루아침에 휴지 조각이 되어 버리면서 수많은 소액주주들의 삶을 피폐하게 만들었던 사건입니다.

또한 이 사건에는, 대규모 주가조작에 많은 수의 금융기관 펀드매니저들이 개입하였고, 이것이 발각되어 여러 명의 펀드매니저들까지 구속됐던 사건으로도 유명합니다. 디지텍시스템스의 기업 비리가 세상에 드러나게 되고 검찰의 수사로 형사 책임을 추궁하면서 '무자본 M&A 과정'에서는 동지적 관계를 유지하던 최 모 씨와 N 씨 역시 상대방을 향한 고소, 고발을 지속하면서 결국 두 사람 모두 징역 6년에서 10년 이상의 중형을 선고받게 됩니다.

'1000억 대출 사기' 디지텍시스템스는 어떤 회사

[출처 - https://www.etoday.co.kr/news/view/1306764]

'기업사냥꾼'에 넘어간 디지텍시스템스, 2년 만에 [쪽박]

檢, 삼성 휴대폰 협력사 수백억대 횡령 사건…주범 등 4명 구속

[출처 - http://www.newdaily.co.kr/site/data/html/2014/04/07/2014040700112.html]

**디지텍시스템즈 '주가조작' 펀드매니저 9명 구속...
수십억원 '뒷돈'**

[출처 - https://news.mt.co.kr/mtview.php?no=2016010610311990455]

2) 기업 범죄 실행자들의 목적

대부분의 기업 범죄는 실행자들의 목적 달성을 위해서라면 한 가지 방법으로만 실행하지 않고, 다양한 방법을 복합적으로 합성하여 범죄를 완성하는데, 자본시장법과 형사법인 횡령과 배임의 범위에 포함되는 것이 일반적입니다.

따라서 기업 범죄를 수사할 때는 그 실행자들이 어떤 목적으로 기업 범죄를 저질렀는지 파악해 나가는 것이 전체 사건의 실체를 파악하는 데 매우 중요합니다.

무자본 M&A를 성공시킬 목적이었는지, 이 목적을 달성하기 위해서 주가조작을 저질렀는지, 횡령이나 배임 행위를 했는지 또는 비자금 조성을 위한 기술적인 횡령과 배임을 목적으로 한 것인지, 부실로 인한 상장폐지를 모면하기 위한 목적으로 회사의 부실을 감추기 위하여 분식회계 등 범죄를 저질렀는지, 회사의 부실이 발표되기 이전에 미공개 정보를 이용

해서 손실을 어떻게 어떤 규모로 회피했는지 등을 파악해야 합니다.

 또한 오너의 치부를 목적으로 자회사를 설립하거나 인수하는 과정에서 사업 아이템이나 다른 법인을 인수하고 투자하는 과정 중에 그 가치를 어떻게 부풀려서 인수·투자하게 됐는지, 가치를 부풀리는 과정에서 외부의 회계 감사 법인의 공모나 묵인은 없었는지 또는 이면 계약의 방법을 사용하기도 하는데 이때 자금 흐름이 어떠했는지를 살펴보기도 합니다.

 최근에는 오너 자녀들 소유의 비상장회사들의 모 기업에서 일감을 일방적으로 몰아주는 불공정 거래를 저지르면서 오너 자녀들 회사에 매출을 몰아주고, 그 비상장회사의 주식 가치를 높여 주는 방식으로 재벌들이 부를 대물림해 주면서, 비상장회사를 소유한 재벌 기업의 오너들은 비상장회사에서 막대한 주주 배당을 하여 재벌 오너의 자녀들이 재벌 기업의 경영권을 승계할 시드머니로 사용하는 불법적인 경영권 세습 방법도 자주 눈에 띕니다.

 이렇듯 기업 범죄 행위자들의 범행 목적을 파악해 가는 과정에서 범죄 대부분이 드러나게 됩니다. 이렇게 파악한 '범죄 목적'을 중심으로 수사의 전체 구도를 그리는 수사계획서를 작성하고 작성된 수사계획서는 수사 과정에서 보완, 수정해 가면서 '기업 범죄 수사의 완성' 단계에 이르게 됩니다.

3.
기업 범죄의
인지 수사

인지 수사란 고소, 고발이나 피해자들의 민원 제기가 없이 수사 기관 자체 정보망을 통하여 범죄 혐의에 대한 정보를 입수하고, 입수된 정보를 가지고 범죄 혐의점을 추적하여, 그 결과 범죄 혐의가 짙다고 판단했을 때 정식 수사로 전환하게 되는 수사 방식을 가리킵니다.

기업 범죄는, 그 범죄가 회사 내의 핵심 임원이나 책임자들만이 정보를 공유하고 진행되기 때문에 해당 정보를 외부의 풍문으로 얻기란 매우 드물고 어려운 일입니다.

기업 범죄 수사에서 인지 수사에 필요한 정보가 흘러나오는 소스 (Source)는 그 기업의 종사자 중에서 회계나 재무를 담당하는 곳에서 나오기도 하지만 재벌 기업이나 대기업의 경우에는 핵심 정보 소스가 법무 팀에서 흘러나오는 경우도 종종 있습니다.

그 회사 법무 팀에서 대형 로펌 쪽으로 정보를 흘리고, 대형 로펌 쪽에서는 그것을 검찰의 인지 수사팀으로 흘려서 커다란 법률 서비스 시장을 인위적으로 생성시키는 흐름으로 사건을 발전시키기도 합니다.

여기서는 제가 서울남부지방검찰청에 2년 반가량 출근하면서 경험하고 진행했던 사건을 예로 들면서 설명해 보기로 하겠습니다.

제가 수감 중에 서울남부지방검찰청 금융조사부에 출근하면서 작성했던 기업 범죄에 대한 기초 수사계획서는 거의 10여 건에 달하지만, 그것이 실제 수사로 이어지고 기소되어 언론에 수사 결과가 발표되고, 유죄가 확정됐던 사건은 4건 정도입니다.

제가 했던 기업 범죄 수사는 누군가 고소, 고발을 했거나 피해자의 민원에서 시작한 것이 아니고 최소한의 정보를 단서로 수사를 시작했던 사건들입니다.

증권 >
신후 "대표이사 구속·수사 진행중"

[출처 - https://www.sedaily.com/NewsVIew/1KW6LEV0ED]

"중국과 독점 계약" 가짜 '펄' 만들어 80억대 부당이득 챙긴 주가조작단

[출처 - https://www.hankyung.com/society/article/2017071402681]

[단독] 최악의 주가조작 에스아이티글로벌의 '막장 드라마'

[출처 - https://www.sisajournal.com/news/articleView.html?idxno=167793]

1) 기업 범죄 수사를 시작할 때 용어 숙지의 중요성

기업 범죄나 주가조작 범죄에서는 어려운 경제 용어는 물론이고 주식시장의 전문적인 은어(隱語)* 가 많이 등장하는데 이러한 용어를 사전에 이해한다는 것은 전체적인 사건의 흐름을 파악하는 데 많은 도움을 줍니다.

기업 범죄를 밝혀내어 수사 진행을 위해서 압수수색이나 구속영장을 청구하거나 기소하는 공소장을 작성할 때, 법전을 뒤지면서 법률을 적용하기 위한 법률 용어를 숙지하는 것과는 또 다른 중요한 과정입니다.

물론 최근에는 인터넷 검색 기능이 발달하여 힘만 조금 들인다면 대부분의 용어 해설이 나오지만, 기업 범죄를 수사하는 실무자에게는 수사의 계획 단계에서부터 기업 범죄에서 쓰이는 용어를 충분히 숙지하고 들어가는 것이 중요합니다.

제가 금융조사부에서 기업 범죄를 수사하면서 느낀 점은 검찰의 조사부나 형사부에서 근무하다가 금조부로 처음 오게 되는 수사 실무자들은 이러한 기업 범죄 용어에서부터 먼저 겁을 먹게 되는 경우들을 많이 보았습니다. 저는 오랜 기간 주식시장 주변에서 살아오면서 생활처럼 접하는 용어들이었기 때문에 기업 범죄 용어를 이해하는 것에 별다른 제약을 느끼지 못하지만, 기업 범죄에 대한 수사 실무를 처음 시작하는 분들은 반드시 사전에 용어를 제대로 이해해야만 할 것입니다.

기업 범죄 수사에 필요한 용어를 쉽게 익히려면 우선 경제지의 기업 관

---

* 어떤 계층이나 부류의 사람들이 다른 사람들이 알아듣지 못하도록 자기네 구성원들끼리만 빈번하게 사용하는 말을 뜻합니다.

련 기사를 자주 접하는 것이 한 가지 방법이고, 두 번째는 실제 기업 범죄 사건의 사건 기록을 입수해서 반복하여 읽고 공부하는 것이 기업 범죄 용어를 습득하는 매우 좋은 방법이라고 생각합니다. 특히 검찰의 수사·조사 단계에서 검찰의 진술 조서나 공소장, 재판 과정의 증언 기록과 판결문들을 되도록 많이 입수하여 반복해서 읽다 보면 경제 범죄 용어를 이해하는 매우 좋은 방법이 될 수 있습니다. 또한 상장회사에서 분기별, 연도별 발표하는 사업보고서를 꼼꼼히 살피는 것도 매우 유익한 방법입니다.

2) 코스닥 '신후' 사건

이 사건은 서울남부지방검찰청의 금조부에 저의 별도 사무 공간이 주어지고 처음 조사했던 사건입니다. 이 사건을 시작할 때의 단서는 "몇 년도에 주가조작이 있었다."라는 것이 전부였습니다. 책의 앞부분에서 설명했듯이 모든 주가조작에는 회사 오너의 공모나 동의 또는 묵인이 없이는 불가능하므로 핵심 용의자는 회사의 오너였습니다.

검찰은 금조부 내에 제가 혼자 쓸 수 있는 사무 공간을 제공해 주었습니다. 그 공간에는 데스크톱 컴퓨터와 태블릿 PC가 있었고 유선 전화를 사용할 수 있었습니다. '수사계획서'를 작성하는 것으로 인지 수사를 시작했습니다. 혐의 기업의 수사계획서를 작성할 때 쓰는 방법은 우선, 주가조작이 있었다는 기간과 그 회사의 주가 일봉 차트를 확인하는 것입니다. 물론 단기간에 3배 이상의 상승 폭이 있었습니다.*

---

* 일반적으로 해당 종목이 단기간에 200% 이상의 상승이 있다면 주가조작을 의심할 수 있습니다.

'중국 테마주' 주의보

검찰, 대대적 수사…횡령·탈세 코스닥사 대표 구속

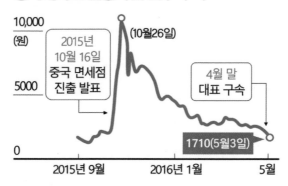

[출처 - https://www.hankyung.com/society/article/2016050346871]

그다음은 회사의 공시 자료와 감사보고서를 최소 2년 전 것부터(때로는 3년 전 것에서부터) 거슬러 올라가 파악하면서 매출액의 증가나 영업 이익의 증가 등 해당 주식이 상승할 만한 모멘텀(Momentum)*이 있었는지를 파악합니다.

또한 주가의 폭등 기간에 해당 기업이 단기간에 상승할 만한 재료가 있었는지 그 재료는 팩트에 기반한 것인지 아니면 주가조작을 위해 가공된 거짓 재료인지를 파악합니다. 그리고 누군가가 인수한 시점과 인수되기 이전의 회사 상황을 파악합니다.

---

* 동력을 뜻하는 물리학 용어인데, 주식투자에서는 흔히 주가 추세의 가속도를 측정하는 지표로 쓰입니다.

조사 대상 회사와 해당 회사의 공시에 나오는 모든 관계사의 법인등기부등본은 물론 금융감독원 공시 사이트(이른바 다트, http://dart.fss.or.kr/)를 파악해서 관계도를 구성합니다. 이 과정에서 범죄에 가담한 인물들의 관계를 추정할 수 있습니다.

이때 빠뜨리지 말아야 할 것이 주가가 고점에서 큰 폭으로 하락한 후 주주들의 반응입니다. 해당 종목의 주주 게시판이나 종목 토론방에는 꽤 쓸모 있는 정보들을 찾을 수 있습니다. 여러 곳의 주식 정보 사이트나 해당 회사의 커뮤니티를 찾아서 소액주주들의 반응과 질문들을 모아야 합니다. 그러면 기업 범죄 행위자들의 목적을 대강 파악하게 됩니다. 그들의 목적은 대규모 주가조작으로 부당이득을 얻으려 한 것으로 보입니다. 그러면 어떤 물량을 모찌계좌로 봐야 할 것인지를 파악합니다.

그 당시 공시를 확인해 본 결과, 주가조작이 벌어지기 훨씬 이전에 이미 한차례 제3자 배정[*]을 하는 대규모 증자가 있었습니다. 이 사건은 증자 물량을 시장에서 고점에 매도하려는 작전으로 파악했습니다. 그런데 대규모 증자가 이루어진 바로 직후, 조사 대상 회사에서는 경영상 급해 보이지도 않는 어느 지방의 부동산을 거액을 주고 매입합니다.

---

[*] 회사에서 특정인을 대상으로 투자를 받으면서 주식을 발행하는 방식의 증자입니다.

그렇다면 그때 이루어진 대규모 증자는 사채업자를 통한 이른바 '찍기' 방식의 증자였을 것으로 파악했습니다. 이 증자가 이루어진 금액과 부동산을 매입한 금액이 엇비슷해 보였습니다.

회사에서 매입한 부동산의 등기부등본을 확인하기 시작했습니다. 그리고 회사에서 매입한 부동산의 매입 가격이 적정한가를 파악했습니다. 예상대로 부동산에는 사채업자로 보이는 인물들의 근저당 설정 기록이 남아 있었고, 그 부동산은 '부동산 감정 평가사'에게 뇌물을 주고 부풀린 금액의 감정 평가서를 기초로 매입했다는 것을 어렵지 않게 확인할 수 있었습니다. 즉, 사채업자가 회사에서 매입하게 될 부동산에 근저당 설정을 한 후 그 회사로 증자 대금을 납입하고, 증자가 이루어진 후에는 회사에서 미리 정한 부동산을 높은 가격에 매수하는 것처럼 회계 처리를 한 후 다시 사채업자에게 돈을 되갚는 방식으로 파악했습니다. 그렇게 되면 남은 것은 증자로 발생하는 '주식'이 있는데 이것을 주가조작으로 고가에 매도하고 끝내는 방식으로 파악했습니다. 그렇게 해서 사건 전체의 수사계획서가 작성되고, 담당 수사 팀에 전달한 후 몇 차례 브리핑을 진행했습니다. 그 당시 수사 팀은 수사 의지가 분명해 보였고, 수사 진도는 빠르게 나아갔습니다. 압수수색도 이루어졌습니다.

그런데 수사 책임자가 한풀 기가 꺾인 모습으로 저를 찾아왔습니다. 그리고 "이 회사는 이미 특수부에서(제가 있던 곳은 금조부였습니다) 1~2년 전부터 내사를 하고 있었다고 수사 우선권을 주장합니다. 그래서 이 사건을 그쪽 부서로 넘겨야 할 것 같습니다."라고 했습니다. 저 역시 허탈했습니다. 거의 두 달간을 구치소와 남부지방검찰청에 포승으로 묶여 아침 일찍부터 저녁 늦게까지 호송 버스를 타고 오고 가면서 파악하고 수정하고 바로잡고 다시 수정하면서 제가 처음으로 혼자 만들어 놨던 사건인데, 다른 부서로 가져간다는 것이 그것도 그동안 몇 년을 가만히 있다가 제가 파악한 내용으로 수사를 시작하려 하니까 다른 부서가 가져간다는 것이 도저히 이해할 수가 없었습니다.

제가 만들어 놓은 수사계획서는 거의 공소장 수준의 수사계획서였습니다. 지금도 저는 의심을 합니다. 사건 진행의 보고 과정에서 결재권자가 사건을 가져가서 축소하거나 왜곡시키려고 한 것이 아닌지. 저야 죄수의 신분으로 기업 범죄 수사에 참여한 것이니 검사들의 그 같은 결정에 어떤 이의나 항의도 할 수 없었고 그렇게 사건은 다른 부서로 넘어가 버렸습니다. 며칠 지나지 않아 기사를 통해서 그 사건의 범죄 행위 '일부'가 밝혀졌고, 대표이사를 비롯하여 사건과 관련된 여러 명이 구속됐다는 것을 알 수 있었습니다. 그리고 또 며칠이 지난 후 수사 실무 책임자가 종이 한 장을 들고 제가 있는 방으로 찾아왔습니다. 그것은 어떤 회사의 주가 일봉 차트였고 그 자료는 신후 압수수색 과정에서 다른 서류들과 섞여 들어온 것이었는데 어느 주식 관련 사이트에도 쉽게 찾을 수 있는 그런 일반적인 주가 일봉 그래프였습니다.

주가조작 세력이나 무자본 M&A 세력은 단 한 종목에만 관여하는 것이 아니고 여러 종목에 광범위하게 관여하고 있으므로 어느 한 회사의 압수수색과 수사 과정에서 뜻밖의 증거나 증언을 확보할 수도 있습니다.

수사 실무 책임자가 가져온 자료의 차트 모양으로 봐서는 '주가조작 혐의'가 짙어 보였고, "이제 다시 시작하는 마음으로 이 회사를 파악해 달라."라고 하여 그때부터 수사 실무 책임자가 건네준 일봉 차트의 주가조작 혐의가 있는 회사를 파악하기 시작했습니다. 그 회사가 바로 코스닥 상장사인 '씨엘인터내셔널'이라는 회사였습니다.

3) 코스닥 상장사, '씨엘인터내셔널' 주가조작 사건

이 회사도 같은 방법으로 기초 조사를 진행했습니다. 그때 파악한 내용으로는 여러 차례에 걸쳐서 무자본 M&A 세력들의 손을 타고 회사의 경영권이 양수·양도 되는 과정에서 회사는 갈수록 부실해져 있었습니다.

또한 그 과정에서 경영권을 매도한 쪽과 매수한 쪽 간에 인수대금 지급과 관련된 소송이 벌어지기도 했습니다. 이 사건의 핵심은 주가조작을 진행할 때 사용했던 재료에 있었습니다.

그 당시 주식시장은 '중국 테마주'가 주도하고 있었는데, 이 회사의 주가조작 세력들은 중국에 실제 존재하는 중국 내에서도 매우 큰 기업 집단으로 알려진 중국석유천연가스공사(CNPC)의 자회사와 사업 제휴 계약을 했다는 것입니다. 이 재료로 인하여 불과 한 달 정도 거래 기간에 주당 1,300원 정도이던 주식이 주당 7,000원대까지 급상승하게 된 것이고, 이 과정에서 주가조작의 주도 세력들은 막대한 부당이득을 얻었던 것입니다.

주가조작 세력들은 가짜 재료를 포장하기 위해서 실제 중국 국적자를 회사의 등기 임원으로 영입하는 공시를 실행하였고, 마치 사업이 진행되는 것처럼 보이기 위하여 중국으로 27억 원 상당의 금액을 송금했다는 공시도 했습니다. 하지만 이것들은 모두 거짓이었습니다.

실체를 파악하는 것은 그리 어렵지 않았습니다. 외부에 있는 지인(知人)을 통해서 조사 대상 회사와 계약을 했다는 중국 회사에 대한 실체를 파악하였고 결국 이 회사가 계약했다는 회사는 실제 존재하는 중국석유천연가스공사(CNPC)와는 아무 관련이 없는 회사였습니다. 다만, 이들도 나름대로 주가조작을 더욱 정밀하게 진행하려고 중국석유천연가스공사(CNPC) 본사가 있는 같은 건물에 가짜 법인 주소지를 두고 실제 자회사와 매우 흡사한 '중국석유생활망'이라는 별개의 회사를 설립하여 주식시장을 속였던 것입니다.

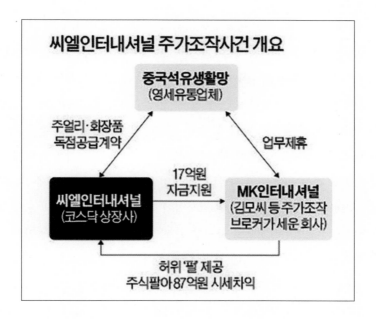

　이 사건 역시 전체 사건에 대한 수사계획서를 만들어서 몇 차례 브리핑을 진행했습니다. 브리핑할 때는 그 부서의 검사들은 물론 검찰 수사관들 그리고 금조부에 파견 나와 있던 금감원 소속의 회계 전문가들도 있었는데 브리핑이 끝나면 기립 박수를 보내는 사람도 적지 않았습니다.

그런데 이 사건을 파악하다가 몇 가지 범죄 혐의가 추가로 발견되었는데, 그것은 바로 《뉴스타파》와 《PD수첩》 보도 후에 구속됐던 상상인그룹의 유준원 회장이었습니다. 유준원 회장에 대한 혐의는 별도로 수사계획서를 만들어 주말을 이용해서 수사 팀에 브리핑했고 그 수사 팀은 거물을 잡을 수 있겠다고 생각했는지 흥분하고 있었습니다. 그리고 담당 수사 팀 주임 검사는 "다음 주부터는 많이 바빠질 것 같으니, 피곤하셔도 결근하지 마시고 꼭 나와 주세요."라는 말을 했고 저 역시 몇 달을 고생해서 파헤친 사건에 전의(戰意)를 다지고 있었습니다. 이때가 2016년이었습니다.

그런데 어쩐 일인지 그 다음 주부터 호출을 하지 않았습니다. 그때 저는 검찰청에서 미리 호출을 해 줘야 출근을 할 수 있는 업무 구조여서 검사실에서 부르지 않으면 출근을 할 수 없었습니다. 검사실에서 호출을 해 주지 않으면 밖으로 나갈 수 있는 방법은 '탈옥'뿐인데 그럴 수는 없는 일이었으니까요. 그렇게 일주일, 이 주일이 지나도 "이제 바쁘게 될 것입니다."라는 말과는 달리 아무 움직임도 없었습니다. 그렇게 약 3주 정도 지났을 무렵, 제가 소속된 검사실이 아니라 다른 검사실의 도움 요청으로 남부지방검찰청으로 출근할 수 있었는데 너무 깜짝 놀랄 만한 일이 벌어져 있었습니다. 그때 제가 소속된 검사실은 금조부의 선임 검사실이었는데 몇 주가 지나도록 제가 소속된 검사실에서 부르지 않다가 거의 3주 만에 다른 검사실의 요청으로 검찰청으로 출근하던 날, 그 선임 검사실 앞을 지나가는데 검사실 자체가 사라지고 없었습니다. 그 검사실은 '자료실'로 바뀌어 있었고 그곳에서 근무하던 검사, 수사관, 실무관들까지 모두 사라지고 검사실 자체가 해체되어 버렸던 것입니다.

그리고 며칠 후 다시 출근할 수 있었는데 해체됐던 검사실의 검사, 저와 사건을 진행하던 그 검사가 다과를 준비한 자리였습니다. 그리고는 "갑자기 다른 부서로 옮기게 됐다."라는 얘기를 그 검사에게 직접 듣게 됐습니다.

그날 이후, 저는 다른 금조부 검사실로 배정되었고 다음날부터 정상적인 출근을 할 수 있었습니다. 하지만 그 사건은 더 진행하지 않았고, 다른 회사들의 사건을 파악하는 업무를 새로 주었습니다. 그렇게 묵혀 있던 이 사건은 2017년 5월경이 돼서야 다시 수사를 진행하게 되었고 그해 7월경 대표이사를 비롯한 다수 관련자들이 구속, 기소되는 것으로 마무리되었던 것입니다.

4) '에스아이티글로벌' 주가조작 사건

이 회사는 예전 아남그룹의 관계사였던 '아남정보기술'이 시장에서 M&A가 되면서 사(社)명이 '에스아이티글로벌'로 변경된 회사였는데 이 사건은 주가조작의 규모가 컸던 까닭에 사건 관계자도 여럿이었습니다.

이 사건의 기초 조사 방식도 거의 같은 방식으로 사건의 기초 자료를 하나씩 모아 갔습니다. 특히 이 사건은 그 당시 대통령이었던 박근혜가 국외 순방길에 이란을 방문했던 시점에 맞춰서 "해당 업체의 경영진이 순방에 동행을 했고, 이란 통신사 컨소시엄 ICCO(International Communication Company)와 8조 원대의 저궤도 위성 통신망 설치 사업 합의각서(MOA)를 체결했다."라는 거짓 재료(Pearl)를 활용하여 단기간에 1만

원대의 주식을 4만 원대까지 끌어올리면서 수백억 원의 부당이득을 취했던 사건입니다.

수사계획서를 작성하기 시작하면서 사건의 실마리는 이 회사의 대표이사에서 풀려 나왔습니다. 당시 대표이사는 호주의 유명 대학을 졸업하고, 국내 유명 대학교를 수료했다는 것을 공시로 발표했던 상황이었습니다. 또한 이 회사가 사용했던 주가조작의 재료(Pearl)는 매우 전문적인 IT 기술이 필요했으나 그때 조사 대상 대표이사가 출간했던 책은 IT와 전혀 무관한 부동산 분양 등과 관련된 책이었습니다.

또한 공시에는 일본의 'ORAC社'라는 기업과 수백억 원의 합작 법인을 설립하기로 공시하고 대대적인 홍보 기사를 뿌렸으나, 제가 일본의 동생에게 부탁해서 파악한 바로는 수백억 원의 합작 법인을 만든다는 일본의 'ORAC社'는 페이퍼 컴퍼니로 보기에 충분했습니다.

디지파이코리아, 일본 ORAC社와 디지파이재팬 설립 본계약 체결식 개최

[출처 - http://www.seminartoday.net/news/articleView.html?idxno=795]

일본의 'ORAC社'는 자본금 백만 원 정도에 본사는 일본 도쿄의 매우 작은 주거용 오피스텔이었으며 그 오피스텔의 관리실에 확인한 결과 그곳에는 그런 회사가 없다는 답변을 들을 수 있었습니다.

서울남부지방검찰청

수신   검사

제목   수사보고【일본 디지파이재팬 법인등기부등본 첨부】

　　　일본 현지 통역인　　　　(전화번호 00700-81-90- .50-7808, 일본 미와자키
현 거주)를 통하여 일본에서 설립된 'DiGiFi JAPAN 주식회사'의 법인등기부등본
을 발급받아서 팩스로 송부받았기에 첨부 보고합니다.

　　　동사의 등기부등본을 살펴보면, 일본 평성28년(2016년) 4월 21일에 西島
潔 (니지시마 키요시)가 설립한 것으로 되어 있고, 자본금은 일화로 10만엔(한화
로 약 100만원), 발행주식수는 2주(주당 발행가 5만엔)로 되어 있습니다.

　　　이에 보고합니다.

첨부 : 'DiGiFi JAPAN 주식회사'의 일본 법인등기부등본. 끝.

　　　　　　　　　　　　　　　2016.　　10.　　04.

　　　　　　　　　　　　　　　위 보고자
　　　　　　　　　　　　　　　서울남부지방검찰청
　　　　　　　　　　　　　　　검찰주사

2 .3

東京都港区赤坂二丁目２３番１号アークヒルズフロ　　タワー　ｏＰ９０６
Ｄｉ　　　ＪＡＰＡＮ株式会社

会社法人等番号	０　０１−０１−１２　５４
商　号	ＤｉＧ　ｉ　ＪＡＰＡＮ株式会社
本　店	東京都港区赤坂二丁目２３番１号アークヒルズ フロントタワーＲｏＰ９０６
公告をする方法	官報に掲載して行う。
会社成立の年月日	平成２８年４月２１日
目　的	1　総合デジタル通信事業 2　衛星移動通信事業 3　広域イーサネット事業 4　衛星アクセス提供事業 5　インターネット関連事業 6　仮想移動電気通信事業 7　衛星通信機器販売事業 8　衛星通信ライセンス提供事業 9　衛星通信コンサルティング事業 10　広告販売事業 11　アプリケーション販売事業 12　アプリケーション制作事業 13　電気通信事業 14　無線通信事業 15　貿易業及び貿易に関するコンサルティング業 16　国外事業者に対する本邦における事業等のコンサルティング業 17　観光客向商品の企画・製造・販売 18　通信、航空・宇宙、海洋、環境、エネルギー、防災および安全等に関連 する調査・研究の受託およびコンサルティング業 19　国内外の企業・政府等の国外展開ならびに貿易、為替、国際金融および 国際投資等に関連する調査・研究の受託およびコンサルティング 20　情報システムの企画、設計、開発、運用および保守ならびにこれらに関 連するコンサルティング、ソリューションサービス、商品販売および賃 貸 21　コンピューター利用による事務計算、技術計算および経営管理システム 等情報処理サービスならびにこれらに関連する調査・研究および開発の 受託 22　前各号に関連する設計、監理、組織の運営、施設・設備の運用、情報提 供サービス、講演会、セミナーの開催、教育・研修の受託、出版物（電 子コンテンツを含む）の製作・販売 23　発電およびエネルギー供給事業 24　前各号に附帯関連する一切の事業

整理番号　サ１４５７８５　　　＊　下線のあるものは抹消事項であることを示す。　　　１／２

2784

実제 수사 자료

그렇게 기본적인 범죄 혐의를 확인한 후에 수사가 진행됐고, 그 후 대표이사를 포함한 10여 명의 관련자들을 구속, 불구속하는 것으로 사건을 마무리하였습니다.

5) 주가조작(또는 기업 범죄)의 인지 수사 구조도

주가조작(기업 범죄) 인지 수사의 기본 구조도

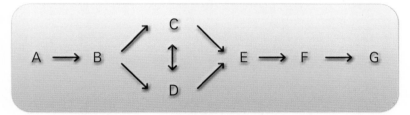

- A: 해당 기업의 혐의점에 대한 정보 수집
- B: 수집된 기초 자료들을 모아서 수사계획서 작성 – 범죄 예상 시나리오
- C: 인지 사건 번호 부여 – 인지 사건은 진정인이나 제보자에게서 기본적인 진술을 확보하면 그 사건에 '인지 사건 번호'를 부여합니다.
- D: 금융감독원에 그 혐의 기업의 주가조작 심리 분석 의뢰 – 이때 금융감독원은 그 회사 주식에 주가조작 혐의가 있으면 주가조작에 가담한 것으로 보이는 '혐의 계좌군 리스트 자료'를 검찰에 제공합니다.

그러나 심리 분석 결과에 혐의가 없다고 판단하면 '혐의 없음 통보'를 해 주게 됩니다.

- E: 수사는 우선 수사계획서상에서 가장 뚜렷하게 드러난 혐의점을 사건 수사의 시작점으로 정합니다. 전체 수사 기획의 규모가 크다고 하더라도 한꺼번에 그 혐의점을 모두 추적하고 수사한다는 것은 불가능합니다. 그러므로 단순한 '공시위반' 같은 한 가지라도 혐의가 확실한, 수사 기관의 용어로 '딱 떨어지는 혐의점'을 쥐고 압수수색 등 다음의 수사 순서로 진행하는 것이 보통입니다.
- F: 그 후 압수수색 등으로 확보한 자료를 바탕으로 관련자들을 소환하여 조사를 진행하면서 처음 세웠던 수사계획서를 보완, 수정하면서 수사를 완성해 나가게 됩니다.
- G: 수사를 마치면 관련자들을 기소하면서 주가조작(또는 기업 범죄) 인지 수사는 마침표를 찍게 됩니다.

6) 금감원의 주가조작 심리 분석 프로그램 구조도

검찰은 조사 대상 상장회사에 대해서 주가조작에 대한 혐의점을 포착하면 주가조작에 대한 구체적인 증거를 확보하기 위해서 금융감독원(한국거래소 시장감시위원회)에 불공정, 이상 매매에 대한 심리 분석을 의뢰합니다. 금융감독원은 심리 분석 프로그램으로 조사 대상 회사의 주식거래에서 불공정거래행위가 있었는지 파악해서 그 결과를 검찰에 통보해 주게 됩니다.

금융감독원(한국거래소 시장감시위원회)에서는 심리 분석 결과 그 종목에 대해 두 가지의 결론을 검찰에 통보하게 되는데 주가조작 혐의가 확인되고 불공정한 거래가 있을 때는 불공정 매매에 구체적으로 관여한 증권 계좌들을 모아 '매매 관여 혐의 계좌군 리스트'를 검찰에 제출합니다. 그러나 심리 분석 결과 혐의가 없는 것으로 나오면 '혐의 없음'으로 통보하고 사건은 종결하게 됩니다. 하지만 때로는 주가조작 세력들이 이러한 '심리 분석 단계'에도 개입하여 심리 분석 결과를 왜곡하여 조사 대상 회사의 주가조작에 대해서 '혐의 없음'으로 통보하게 하는 것으로 은폐하는 경우도 있습니다.

그러면 심리 분석 프로그램의 구조는 어떻게 구성됐을까요? 가상의 A라는 회사의 매매 상황으로 설명해 보겠습니다.

심리 분석 프로그램의 기본 구조

매도호가	매도주문 주식 수	매수주문 주식 수	매수호가
29,000원	850주		10
28,000원	200주		9
27,000원	300주		8
26,000원	550주		7
25,000원	150주		6
24,000원	450주		5
23,000원	350주		4
22,000원	700주		3
21,000원	500주		2
20,000원	200주		1
1		650주	19,000원
2		400주	18,000원
3		100주	17,000원
4		200주	16,000원
5		500주	15,000원
6		750주	14,000원
7		300주	13,000원
8		450주	12,000원
9		150주	11,000원
10		250주	10,000원

주식투자를 하는 사람들은 대부분 알고 있는 주식 매매의 호가 창입니다.

일반적인 투자자들이라면 A 주식을 매수 또는 매도를 진행할 때 드러나는 10단계의 주문 단계에서 거래가 성립하기 쉬운 매수·매도의 1, 2단계에서 거래가 이루어지거나 드러나지 않는 각 10단계 뒤로 대기 매매주문을 내는 것이 보통입니다. 그런데 예를 들어서 어떤 계좌에서 한꺼번에 7단계까지 수량과 가격을 매수주문하게 되면, 매수의 1~7단계까지 한꺼번에 체결이 됩니다.

26,000원	550주		7

그렇다면 매수주문 수량과 주문 횟수 대비 체결 비율은 100%입니다.

역시 어떤 계좌에서 1~8단계까지 수량과 가격을 한꺼번에 매도주문을 냈을 경우, 매도주문 수량과 주문 횟수 대비 체결 비율은 100%입니다.

8		450주	12,000원

즉, 주문 대비 체결 비율이 100%에 가까울수록 시장 관여도가 높은 계좌인데 이것이 매수주문일 때 주가조작의 상승에 관여한 계좌이고, 매도주문일 때 내부자 정보를 이용한 손실 회피나 공매도 작전에 관여한 계좌일 것입니다.

매수(또는 매도)주문 횟수+주문 수량 대비: 체결 횟수+체결 수량=100%

→ 이 체결 결과가 100%에 가까울수록 시장 관여 계좌 종목

이렇게 특정한 방향(매수나 매도)으로 관여도가 높은 계좌들을 모으고 또한 그 계좌들 거래 내용이 특정한 A라는 종목에 집중되어 거래가 이루어지진 계좌들을 모아서 리스트로 만드는 것을 '시세조종 혐의 계좌군'으로 분류합니다.

허매수와 허매도 – 가장매매의 방식

매도호가	매도주문 주식 수	매수주문 주식 수	매수호가
25,000원	150주		6
24,000원	450주		5
23,000원	350주		4
22,000원	700주		3
21,000원	500주		2
20,000원	200주		1
1		650주	19,000원
2		400주	18,000원
3		321,000주	17,000원
4		543,000주	16,000원
5		654,500주	15,000원

허매수 주문의 경우: 위의 표처럼 주문 호가 창의 1, 2위의 주문 순위에서 갑자기 3~5위 주문 순위에는 대규모 매수주문이 호가 창에 나타나게 됩니다. 이렇게 갑작스럽게 대량 매수주문이 들어오게 되면 일반 투자자들은 그 주식이 상승할 것으로 인식하고 작전 세력들이 매도주문을 한 위의 가격대에 매수주문을 하게 됨으로써 매도주문 창의 상위 순위로 매수주문을 하게 됩니다.

이렇게 작전 세력들의 거짓 주문으로 일반 투자자들이 매수세에 따라 붙을 때, 주가조작 세력들은 자신들의 물량을 고가에 매도하게 되고 매도 물량 거래가 체결되면 자기들이 냈던 3~5번의 대규모 매수주문을 일시에 취소하면서 마무리됩니다.

매도호가	매도주문 주식 수	매수주문 주식 수	매수호가
23,000원	453,000주		**4**
22,000원	700,000주		**3**
21,000원	500주		**2**
20,000원	200주		**1**
1		650주	19,000원
2		400주	18,000원
3		100주	17,000원
4		500주	16,000원

또한 이와 같은 거짓 주문을 예시의 매도 창에서처럼 실행하게 되면, 일반 투자자들은 주식 가격 급락으로 받아들여서 매수 창의 하위 순위까지 투매가 이루어지게 됩니다.

이렇듯이, 매수(또는 매도)주문과 주문 수량 대비 체결 횟수, 체결 수량의 결과가 '0%'에 가까울수록 주가조작에 관여한 거짓 주문(허매수 또는 허매도)의 가장매매 계좌로 파악하고 이러한 계좌들 역시 주가조작 관여 계좌로 정리하여 '혐의 계좌군'에 포함하게 됩니다.

> 매수(또는 매도)주문 횟수+주문 수량 대비: 체결 횟수+체결 수량=0%

서 울 남 부 지 방 검 찰 청

검찰
PROSECUTION SERVICE

수 신 검사

제 목 2009년도 스포츠   주식 시세조종 혐의계좌 현황표 첨부

○ 스포츠서울 주식에 대한 한국거래소 심리결과 보고서 및 이를 토대로
  금융감독원에서 추출한 '2009년도 스포츠   주식 시세조종 범죄일
  람표' 에서 확인된 2009년도 스포츠   주식 시세조종 혐의계좌는 첨
  부 자료와 같이 총 82개 계좌가 순차적으로 동원되어, 2009. 5. 6. 부터
  11. 30. 사이에 주가상승 및 주가하락 방지 등의 시세조종을 한 사실을
  확인하였기에 보고합니다

첨 부 : 2009년도 스포츠   주식 시세조종 혐의계좌 현황표 3부. 끝.

2014. 11.

서울남부지방검찰청

검찰주사

2185

2013년도의 ▢▢▢ 주식 시세조종(201▢. 3. 4.-201▢. 9. 13.)에 동
원되어 시세조종 혐의 계좌들은 아래표와 같은데 아래표의 시세조종
계좌중 진술인이 직접 ▢▢▢▢ 주식 매매주문을 낸 계좌는 어떤
계좌들인가요

번호	회원명	지점명	계좌번호	성명	거래관여			
					매도		매수	
					수량	일수	수량	일수
1	한국증권	성남	가 '27 00	조	413,930	6	413,899	8
2	신한투자	대문	125111 '86	김수	360,045	5	593,255	11
3	신한투자	용	0 111 96	김명	1,512,945	21	1,571,942	35
4	NH농협증권	▢농기 T스에셋)	000 826 01	임	5,571,313	65	5,571,313	70
5	키움증권	국민은행	C 844 911	도	9,894,111	73	9,894,111	75
6	현대증권		02 6349 71	윤	526,759	26	526,759	31
7	키움증권	국민은행	002 6 30.	안 . 복	10,773,653	76	10,773,653	78
8	신한투자		0 311 93	이	351,382	12	351,531	10
9	신한투자		C 51 372	이	1,503,587	22	1,606,420	26
10	신한투자	신한WM 도성터	00 11 17.	이	30,799	2	196,256	4
11	우리투자	수원	01..01..23	최	505,521	10	515,521	17
12	한국증권	잠 실	64 784 1.	최	374,057	4	374,012	13
소 계					31,818,297		32,388,672	

답 이 계좌들 중에서 문 문 번 계좌가 매인계좌로 제가 주
문을 내었던 계좌들이 맞습니다. 그리고 김 최 계좌는 제가
지인인 최 을 통하여 구한 계좌로 제가 매매한 계좌입니다. 김
이 계좌는 배 을 통하여 제가 조달한 계좌이고, 이 계좌는
양 의 계좌입니다.

(진술조서)
                                                              - 18 -

실제 검찰 신문조서상의 시세조종 혐의 계좌군의 예

위 표의 오른쪽을 보면 "거래관여" 항목에 해당 계좌가 매수와 매도를
몇 번하고 주문 수량이 얼마인지를 표시함.

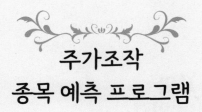

주가조작
종목 예측 프로그램

　AI 딥 러닝(Deep Learning)에 관심을 가지고 공부하면서 기획했던 프로그램이 '주가조작 종목 예측 프로그램'을 딥 러닝(Deep Learning) 방식으로 만들어 보는 것이었습니다.

　여러 형태의 주가조작에 대해서 다양한 속성값(딥 러닝 프로그램에 넣는 정보)을 추출해서 프로그램을 구성한다면 충분히 정확도가 높은 프로그램이 될 수 있다고 생각합니다.

　시간 여유가 좀 더 생기고 딥 러닝(Deep Learning)에 관심이 있는 유능한 프로그래머를 만난다면 꼭 완성해 보고 싶은 작업입니다.

4.
죽이는 수사와
덮는 수사의 위력

2019년 10월 MBC 《PD수첩》에 출연하면서 제가 했던 멘트 중 하나가 "검찰은 죽이는 수사로 명성을 얻고, 덮는 수사로 부를 축적한다."였는데, 방송 이후에도 SNS나 구전(口傳)으로 검찰 개혁의 필요성을 말하는 유명한 카피가 되었습니다. 이 카피는 단순히 카피로만 존재하는 것이 아니라 제가 주식시장에 기대어 살아오면서 수많은 경우를 목격하고 경험했던 것으로 특정한 세력들이 견제를 받지 않는 사법 권력을 독점하는 한 영원히 사라지지 않을 구호일 것입니다.

1) 죽이는 방식의 수사

지금의 검찰이 가지고 있는 권력은 이제는 누구나 알고 있듯이 '무소불위'입니다. 그러한 무소불위의 권력을 특정한 개인이나 단체를 상대로 풀 스윙을 한다면 그 수사 대상이 스스로 목숨을 끊지 않는 이상 멈추지 않을 것입니다.

정치적인 죽이는 수사로는 멀리 노무현 전 대통령을 대상으로 했던 수사이고, 가까이는 조국 전 장관과 그 가족을 대상으로 했던 수사였다고 말할 수 있겠습니다. 저는 개인적으로 조국 장관과 그 가족을 대상으로 벌였던 검찰의 '죽이는 수사'에서 그 수모를 견디고 살아남은 조국 장관과 그 가족들에게 경의와 감사의 마음을 표합니다. 우리나라에서는 사형을 집행하지 않은 햇수가 이미 십수 년이 지났기 때문에 사실상 '사형제 폐지 국가'로 불리고 있지만 검찰의 수사 도중 수사의 압박으로 스스로 목숨을 끊는 사람들은 끊이지 않고 나오고, 특히 한국형사정책연구원의 통계를 보면 정권 교체기나 보수 정권의 집권 시기에 급증하는 것을 볼 수 있습니다.

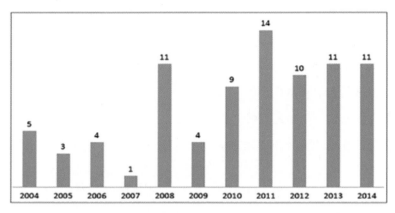

연도별 검찰 수사 중 자살자 수

년도	2004	2005	2006	2007	2008	2009	2010	2011	2012	2013	2014
자살자 수	5	3	4	1	11	4	9	14	10	11	11

* 2014년도 7월까지의 집계

이렇듯 검찰의 수사는 범죄 혐의를 밝혀내기 위한 수사라기보다는 정치적 목적에 의한 수사였을 가능성을 배제할 수 없습니다. 하지만 이러한 '죽이는 수사'는 정치적 수사에 국한된 것이 아니라 기업 범죄 수사에서도 비일비재하게 벌어지는 실정입니다.

(1) 추가 기소의 방법

기업 범죄에 대해서 검찰이 벌이는 죽이는 수사의 방법은 여러 가지입니다. 그중 하나는 사건을 여러 차례에 나누어 범죄 혐의를 수사하고 기소하는 방식입니다.

보통의 경우, 기업 범죄가 벌어졌을 때 다수의 범죄 혐의가 복합적으로 얽혀서 발생하고, 그 범죄의 횟수도 시기나 절차별로 여러 차례에 걸쳐 발생하는 것이 일반적인 기업 범죄의 구조입니다. 그런데 기업 범죄가 발생한 후 검찰 수사가 시작되고 피의자를 재판에 회부하는 기소가 이루어져 수사가 종결될 때, 발생했던 범죄 혐의 전체를 기소하는 것이 아니라 일부만 기소하고 일부는 남겨 두거나 수사를 진행하지 않고 있다가 먼저 기소한 사건의 재판이 끝나고 대법원의 형이 확정된 후에 또다시 추가로 수사하고 기소하는 것입니다. 비록 범죄자라 할지라도 유죄가 확정된 죄수의 입장에서 '추가 사건의 기소'는 죽음 이상의 공포이고 상상하지 못할 스트레스가 엄습하게 됩니다. 이러한 일들이 현실의 사법 체계에서 비일비재하게 벌어지고 있지만, 이 같은 검찰의 수사와 기소 행태를 제도적으로 막을 방법은 아직 존재하지 않습니다.

실제로 징역 20년의 형을 선고받은 한 기업 범죄 혐의자 A 씨는 징역 20년 형을 선고받은 지 8년이 지난 시점까지도 새 사건으로 검찰 수사를 받고 추가로 기소된 재판을 받기도 했습니다.

'채널A 사건'으로 잘 알려진 '밸류인베스트코리아'의 이철 대표 역시 그전의 사건으로 12년 형을 선고받고 추가 기소로 2년 6개월을 선고받은 시점에서도 검찰은 추가 사건을 수사, 기소하고 있는 상황입니다.

(2) 벌금이나 추징금의 병과 처벌, 그리고 세무 조사

기업 범죄에서는 주가조작이나 횡령, 배임의 범죄를 통해서 대부분 부당이득이 발생합니다. 이러한 부당이득에 대해서 검찰은 징역형에 처하는 것과는 별개로 부당이득의 금액에 대하여 벌금이나 추징금을 추가로 병행해서 부과할 수 있습니다. 하지만 검찰의 의지에 따라서는 벌금이나 추징금을 추가로 처벌할 수도 있고 처벌하지 않을 수도 있습니다. 또는 벌금이나 추징금을 처벌하면서도 그 금액을 축소할 수도 있습니다. 이것은 '덮는 방식의 수사'에서도 똑같이 적용됩니다.

(3) 국세청으로 통보

검찰의 수사가 재판을 통해서 받게 되는 형사 처벌로 끝나지 않은 때도 있습니다. 기업 범죄 사건의 피고 당사자가 형사 처벌을 모두 받았음에도 검찰의 의지에 따라서는 그 사건의 부당이득에 대해서 국세청에 통보를 하게 됩니다. 이렇게 되면 그 기업 범죄에 대한 사건 기록을 넘겨받은 국세청은 사건 기록을 근거로 부당이득에 대한 세금을 청구하고 징수 과정에 돌입합니다.

기업 범죄로 얻게 되는 범죄 수익을 국가가 추징하고 국세청이 세금으로 징수하는 것에 반대하는 것이 아닙니다. 다만 이러한 검찰의 행위들이 공정하거나 보편적이지 못하고 검찰 권력의 사적 감정이나 고위직 검사 출신의 전관 변호사들의 역할에 따라서 특정 사건이나 특정인에 대해서만 이를 적용한다면 이는 검찰 권력의 횡포로 볼 수밖에 없기 때문입니다. 이러한 '죽이는 방식의 수사'는 재벌 권력이나 검사들 자신의 범죄에 대해서는 유사 이래 단 한 번도 실행된 적이 없습니다.

2) 덮는 방식의 수사

검찰의 이 같은 방식의 수사는 대부분 재벌 기업의 수사나 힘이 있는 유력 정치인의 수사와 검사를 비롯한 법조인의 수사에서 많은 예를 찾아볼 수 있습니다. 하지만 일반적인 기업 범죄의 수사에서도 이 같은 '덮는 방식의 수사'는 지금도 비일비재하게 발생하고 있습니다.

(1) 무자본 M&A 사건의 경우

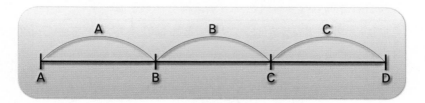

 일반적으로 무자본 M&A 세력들에게 인수된 회사들일 경우, 주식시장의 자기들만의 네트워크를 통해서 경영권이 다시 양수·양도되는 경우가 많이 있습니다. 그렇게 무자본 M&A 세력들이 회사를 경영하면 회사 내부에서 불법적인 행위들이 벌어지는데 이러한 회사들을 또다시 다른 무자본 M&A 세력들에게 경영권을 양수·양도하는 과정에서 이전 경영진들의 불법 행위를 묵인해 주거나 이미 발생한 불법 행위들을 금전으로 보전해 주는 형태로 경영권이 이전됩니다.

 하지만 이러한 회사는 결국 상장폐지되거나 민원이 발생하여 수사를 하면 검찰의 수사 방향이나 목적에 따라서는 A와 B가 경영했던 기간은 덮여 버리고, 오로지 C의 경영 기간에 발생했던 기업 범죄에 대해서만 수사하여 처벌하기도 하고 때에 따라서는 A의 경영 기간에 벌어졌던 기업 범죄 행위들에 대해서만 수사와 처벌을 하고 B와 C의 경영 기간에 벌어졌던 기업 범죄에 대해서는 수사를 하지 않고 은폐되어 덮이기도 합니다.
 그렇게 검찰에 의해서 그 기업의 범죄 행위에 대한 수사 결과를 발표하고, 언론에 보도 자료를 배포하고 나면 덮인 기간의 불법 행위들에 대해서는 영원히 세상에서 묻히고 누구도 그것을 밝혀낼 수 없는 완전 범죄가 되어 버리고 맙니다.

이런 상황을 만들 수 있는 것은 역시 고위직 검사 출신의 전관 변호사들이 사건에 개입하여 막대한 수임료를 챙기기 때문입니다.

그러니 기업 범죄자들은 결국 "부당이득을 많이 챙겨야 그 돈으로 비싸고 고위직인 전관 변호사를 선임하고, 그래야만 범죄를 숨길 수 있다."라고 하며 그것을 마치 현명한 대처법으로 인식하는 것입니다.

(2) 주가조작 사건의 경우

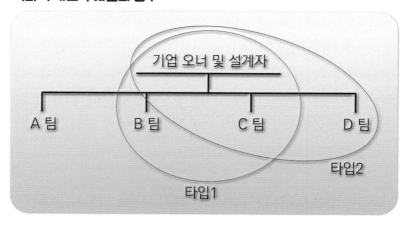

주가조작 사건에서도 마찬가지입니다. 주식 수가 많거나, 시가총액이 큰 주식의 주가조작일 경우에는 여러 주가조작 팀이 개입하게 되는데 이 같은 주가조작 사건이 검찰에 적발되어 수사가 진행되면 검찰은 '타입1'의 수사로 B와 C 팀만 기소한 뒤 나머지 주가조작 팀을 덮어 주면 그들은 어떤 처벌도 받지 않게 됩니다. 역시 '타입2'에서도 나머지 공범들에 대해서는 수사가 이루어지지 않고 검찰에 의해서 면죄를 받게 되는데 이때도 역시 고위직 검사 출신의 전관 변호사들이 사건에 개입하여 막대한 수임료를 챙기는 것입니다.

(3) 회사 내부 비리 사건의 경우

해당 기업 A

A

A1   A2   A3

    기업 범죄에서 회사 내부에서 벌어진 횡령, 배임 사건일 때 모회사인 A 기업이 회사 자금을 외부로 유출하는 방법 중 하나가 A 기업의 자회사인 A1, A2, A3 등의 자회사를 통해서 빼내는 것인데 검찰이 수사를 진행하면 그 기업 자회사 수사를 하지 않거나 회사에서 유출된 자금을 축소해 주는 일은 현재 기업 범죄 수사에서도 많이 벌어지고 있습니다. 이같이 사건을 축소할 때도 고위직 검사 출신의 전관 변호사들이 막대한 수임료를 챙기면서 사건에 개입하여 그 일을 돕는 것은 마찬가지입니다.

    앞에서 설명한 것과 같은 '덮는 방식의 수사'뿐만 아니라 사건의 전체 금액을 축소해서 기소하거나 부당이득에 대해서 벌금이나 추징금을 청구하지 않음으로써 기업 범죄자들이 취득한 불법적인 범죄 수익을 오히려 기업 범죄자들에게 보전해 주는 결과에 이르게 됩니다.

    또한 검찰과 경찰의 수사권 조정 과정에서 특수 수사나 기업 범죄 수사에 대해서 '수사 역량'이라는 이름으로 마치 검찰만이 이러한 기업 범죄 수사를 할 수 있다고 왜곡해서 언론에 보도되는 경우가 많이 있습니다. 하지만 이것은 수사의 역량보다는 '수사의 권한 문제'라고 보입니다. 현재 기업 범죄 수사의 핵심 협력 기관인 금융감독원 등에는 검사들이 파견되어 근무하고 있습니다.

하지만 경찰에서 기업 범죄나 주가조작 범죄를 자체 인지 사건으로 수사하기 위해서 금융감독원 등 관련 기관에 협조를 요청하게 되면 경찰에서 요청한 사항에 대해서는 대부분 해당 기관으로부터 거부를 당하게 됩니다. 이는 현행「자본시장과 금융투자업에 관한 법률」중에서 무자본 M&A와 주가조작에 대한 경찰의 수사를 막고 있는 독소 조항 때문입니다.

제178조의3(불공정거래행위 통보 등)

① 증권선물위원회는 제429조 및 제429조의2의 과징금 사건이 제173조의2 제2항, 제174조, 제176조 또는 제178조의 위반 혐의가 있다고 인정하는 경우에는 검찰총장에게 이를 통보하여야 한다.

② 증권선물위원회는 검찰총장이 제173조의2 제2항, 제174조, 제176조 또는 제178조를 위반한 자를 소추하기 위하여 관련 정보를 요구하는 경우에는 이를 제공할 수 있다. [본조신설 2014.12.30.]

해당 금융감독기관은 위 조항에서 '검찰총장에게 이를 통보하여야 한다.'라는 조항을 이유로 경찰에게는 협조를 하지 않고, 모든 정보를 검찰이 통제하고 있는 실정입니다.

경찰이 기업 범죄 인지 수사를 더 진행하기 위해서는 금융감독원 등에 계좌 추적 영장 등을 제시해야 하는데 이렇게 되면 인지 수사의 가장 기본적인 '수사의 기밀성'이 훼손되고, 때에 따라서는 검찰에서 영장이 기각되거나 검찰에게 그 사건의 이관 요청을 받는 등 여러 방법으로 사건 자체를 빼앗기는 경우가 발생하기도 합니다.

5.
기업 범죄의 인지 수사와
언론의 탐사 보도

검찰의 인지 부서에서 경험했던 2년 6개월간의 경험과 《뉴스타파》, 《PD수첩》 그리고 MBC 《뉴스데스크》 취재 팀과 경험했던(그리고 아직 경험 중인) 2년 이상의 탐사 보도 경험은 매우 특별한 경험이었고 또한 그 과정에서 사회 현상을 다루는 두 가지의 경우에서 비슷한 점과 다른 점이 있다는 것을 알 수 있었습니다. 기업 범죄의 인지 수사와 언론의 탐사 보도는 이미 한 사회에서 벌어진 사건이나 범죄 행위를 밝혀내는 '후행(後行)의 행위'일 수밖에 없다는 것이 공통점이라고 봅니다. 하지만 실체의 진실을 밝히는 과정과 결론을 이끌어 내는 방식과 목적에서는 서로 다른 방향으로 흘러가고 또 멈추게 됩니다.

먼저 검찰 인지 부서의 수사에서는 검찰이 가지고 있는 막강한 권한을 실감할 수 있었습니다. 수사 검사나 검찰 수사관이 앉아 있는 책상 위에서 클릭 몇 번만으로 수사 대상자의 여러 가지 기본 정보를 확인할 수 있는 것은 물론이고, 필요에 따라서는 여러 공적 기관에 보내는 '공문' 한 장만으로도 많은 정보를 인지 단계에서부터 모을 수 있으며 또는 '영장 청구'의 형식으로 수사에 필요한 거의 모든 정보를 받아 볼 수 있습니다.

검찰에게 그러한 막강한 권력을 준 이유는 그만큼 사건의 진실을 정확하고 명확하게 밝혀서 검찰의 권력 행사에 따른 오류로부터 타인의 생명과 재산이 피해를 보지 않도록 하기 위한 것이라고 생각합니다. 하지만 과거부터 지금까지 검찰 권력의 행사가 그러했을까요?

언론사의 탐사 보도는 그 보도물이 완성되기까지는 굉장히 지루한 시간이 필요합니다. 언론사의 탐사 보도 팀이 한 사건을 파악하기 위해서 행사할 수 있는 권력을 검찰에 비교한다면 거의 없다고 봐도 무방합니다.

검찰의 인지 수사와 마찬가지로 언론사의 탐사 보도 역시 제보자의 '결정적 제보'로 시작하는 경우가 대부분입니다. 하지만 제보자의 '제보 내용의 신빙성'을 검증하는 과정이란 때로는 과장되게 표현해서 '모래사장에서 바늘 찾기'인 경우가 많이 있습니다. 특히 기업 범죄 사건일 때는 언론사의 탐사 보도 역시 부족한 네트워크, 부족한 전문 지식 등으로 인해서 사건의 주변만 둘러보다가 깊이 없는 탐사 보도로 끝나는 경우를 종종 보아 왔습니다.

또한 검찰의 기업 범죄 인지 수사와 언론의 탐사 보도의 또 다른 공통점 중 하나는 "누군가 먼저 건드린 사건은 다른 곳에서는 잘 다루지 않는다."라는 것입니다. 제보자가 자신의 신변에 대한 위험과 불이익을 감수하고 제보를 했는데, 그것이 검찰의 의도이거나 능력 부족으로 또는 언론사 탐사 보도 팀의 인식 부족이나 전문성 부족으로 인하여 사건의 겉모양만 훑고 지나갈 때 그 사건은 영원히 묻히게 될 수도 있는 것입니다.

그러나 제가 겪어 본 경험으로는 MBC의 《PD수첩》이나 《스트레이트》, 그리고 인터넷 탐사 보도 매체의 실력은 진실을 파헤치는 능력이 웬만한 특수부 검사실의 능력보다도 훨씬 뛰어났을 뿐만 아니라 그 과정에서 인격을 배려하는 것 역시 검찰이 본받아야 할 정도였습니다.

주식시장의 시각으로 보는 정치인과 정당

대부분의 일반 투자자는 주식투자를 할 때 그 주식을 '사랑하기 때문에' 투자하지는 않습니다. 그 종목이 '나에게 수익을 줄 것이다.'라는 기대감을 가지고 신중하게 판단해서 자신의 재산을 투자하게 되는 것입니다. 주식투자에서 어떤 종목을 '사랑하기 때문에 투자했다.'라는 것은 빌 게이츠 정도의 거부도 할 수 없는 미친 짓일 겁니다.

주식시장에서는 가끔 증권사나 주식방송 같은 곳에서 투자 전문가를 불러 모아서 '수익률 대회'를 벌이고는 합니다. 같은 투자 금액이 주어지고 일정한 기간 내 참여한 투자 전문가 각자의 판단으로 투자하여 최종적으로 가장 수익이 높은 사람을 선발하는 방식의 대회입니다.

우리나라에는 시기별로 많은 '선거'가 있습니다. 저는 개인적으로 이러한 선거를 '정치 수익률 대회'라고 생각합니다. 모든 시민에게 '투표권'이라는 똑같은 정치 투자 금액이 주어지고 '투표'라는 행위를 통해서 특정 정당이나 정치인에게 '투자'를 하게 되는 것입니다. 그런데 우리나라 '정치 투자자'인 대부분의 시민은 자신들이 투자하는 종목(정당 또는 정치인)을 고르는 일에 대해서 신중하지 못하거나 투자 자체를 포기하는 일을 많이 볼 수 있습니다. 또한 자신들이 투자를 하는 '정치 종목'에 사랑이라는 감정을 개입시켜서 수없이 많은 투자의 오류를 범하고는 했습니다. 분명한 것은 '투표'라는 행위는 '투자'라는 개념이어야 하고 사랑이나 동정의 감정을 최소화하거나 없애야 '현명한 정치 투자로 인한 수익'을 얻을 수 있다고 저는 생각합니다. 그러려면 유권자 자신이 투자하는 '정치 종목(정치인이나 정당)'에 대해서 충분한 분석이 필요합니다. 회사의 이름을 자주 바꾸는 회사는 문제가 있거나 문제가 있어 왔던 종목입니다. 기존 경영진들이 세상에 알려졌던 나쁜 행위들을 감추려고 사명(社名)을 세탁하는 것입니다. 그렇게 회사의 이름을 바꾸고 다시 주식시장에서 개미 투자자들을 끌어들여서 또다시 '주가조작 등'의 불법 행위로 한탕을 해 먹으려는 목적이 대부분입니다.

정당 역시 마찬가지입니다. 과거에 자신들의 역사적인 죗값을 세탁할 목적으로 과거에 벌인 불법적인 행위들과 정책의 정체성을 전혀 알 수 없도록 정당의 이름을 수시로 변경하면서 '정치 투자자(유권자)'를 유혹합니다. 그렇게 해서 자신들의 권력을 쟁취하면 국가나 시민들의 이익은 뒤로하고 해당 정당 관계자들과 그 추종 세력들의 이권만 챙기기에 바쁩니다. 상장된 회사는 자신들의 경영 과정에서 중요한 사항이나 경영 상태를 수시로 또는 정기적으로 공시하도록 규정하고 있습니다. 공시된 내용을 지키지 않거나 번복하는 경우에는 금융감독원으로부터 제지를 당하기도 하고, 형사 처벌을 받는 경우도 있습니다. 이러한 불성실 공시가 자주 발생하게 되면 '상장폐지'에 이르기도 합니다.

경영진의 이러한 '공시 불이행 또는 위반'이 자주 발생하는 종목에 대해서는 일반 투자자들의 투자에 대한 경고의 목적으로 '투자 주의 종목'이나 '관리 종목'으로 지정하게 되고, 이렇게 투자 주의 종목이나 관리 종목으로 지정된 회사는 일반 투자자들로부터 투자를 받는 행위에 대해서 제약이 따르게 됩니다.
선거 때가 되면, 정당이나 정치인들은 수많은 공약(회사의 공시)을 발표합니다. 아무리 좋은 공약을 쏟아 낸다고 하더라도 선거 이후 그 공약을 지키지 않거나 번복을 하거나 또는 속은 텅 빈 무늬만 '공약 이행'을 하는 정당이나 정치인에 대해서는 정치 투자자들이 투자를 거부해야만 합니다. 시민 '정치 투자자'들이 '투표'라는 투자 행위 이전에 자신들이 투자할 '정치 종목'에 대해서 '그들이 과거 어떤 행위들을 해 왔는지' '그들이 공시를 잘 지켜 왔는지' '그들이 경영을 잘해서 국가나 시민들에게 수익을 준 경험이 있는지' 등을 면밀히 판단해서 '정치 투자'를 해야 합니다.

주식시장에서는 '주가조작'을 비롯한 수많은 불공정 행위가 벌어집니다. 인위적으로 거래량을 늘리고 가격을 고점으로 끌어올리면서 투자자를 유혹하려는 온갖 포장된 기사들을 쏟아 내기도 합니다. 주식이 대형주일수록 이러한 조작의 규모가 크고, 많은 수의 공범이 개입하게 됩니다. 더군다나 주가조작의 폐해는 특정 세력들이 수익을 독차지하는 것에 있습니다.

정치판의 선거 기간에도 비슷한 일들이 벌어집니다. 언론을 이용해서 정치인이나 정당의 실질적 가치를 부풀려 포장하고 여론 조사 기관들을 동원해서 지지도를 부풀리기도 하고, 온갖 거짓 공약으로 일반 '정치 투자자'들을 유혹합니다. 특히 대통령 선거가 있을 때는 이러한 조작이 더욱 크고 치밀하게 이루어집니다. 우리나라는 최근에 '촛불 혁명'을 통해서 정치 조작으로 당선된 두 명의 대통령을 이미 '상장폐지'를 시킨 경험이 있습니다. 일반 주식시장의 상장폐지는 단순히 투자자들의 금전적인 피해에 그치지만(물론 이것 역시도 작은 문제로는 생각하지 않습니다) 대통령의 상장폐지는 국가 전체의 위기와 맞닿아 있는 것입니다.

가장 최악의 대선시장 종목은 이명박이었습니다. 그는 애초부터 '대선시장'에 상장되어서는 안 되는 종목이었습니다. 'BBK 사건' 등 과거의 범죄 행위들이 주류 언론과 검찰에 의해서 포장되고 분식(粉飾)되어 '대선시장'에 나왔고 대통령에 당선됐습니다. 주가조작의 결과와 동일하게 이명박의 당선 이후에 특정 세력들이 부당이득을 챙기기 시작합니다. 시작부터 '4대강 사업'으로 몇십조 원의 세금을 쏟아부어 토건 세력들에게 부당한 이득을 쥐어 주고, '해외 자원 개발'이라는 명분으로 몇십조 원의 국가 세금은 누군가의 속주머니로 사라지게 만들었습니다.

'박근혜'라는 정치 종목은 희대의 설계자 '최순실'에 의해서 설계된 정치 조작이었다고 생각됩니다. 그래도 다행히 중간에 발각되어 상장폐지가 되었지만, 당시의 촛불 혁명 과정에서는 군이 개입하려고 했고 만약 그러한 일이 발생했다면 대한민국도 미얀마와 같은 또는 그보다 더 큰 희생이 있었을 것입니다.

주식시장의 작전주는 결코 일반 투자자들에게 수익의 기회를 주지 않습니다. 투자를 유혹한 이후 철저히 이용하고 버리고는 처절하고 회복할 수 없는 패배의 아픔만을 남겨 줍니다. 작전 세력들은 결코 일반 투자자들과 수익을 나누지 않습니다. 작전을 도왔던 애널리스트, 언론사, 사채업자, 그리고 그들을 비호했던 검찰 권력이나 그 전관 변호사들에게 주가조작의 부당이득이 배분됩니다.

대선시장의 결과도 마찬가지입니다. 그러한 정치 조작 작전으로 대통령에 당선될 경우, 자신들과의 공범이 아닌 시민 '정치 투자자'들에게는 수익을 나누지 않습니다. 자신을 도왔던 언론 권력, 자본 권력, 사법 권력들 그리고 그 추종 세력들과 부당한 이득을 나누게 될 것입니다. 대한민국 현대사에서 그동안 벌어졌던 '정치 수익률 대회'에서 대부분의 시민 '정치 투자자'는 패배했습니다. 몇 번은 승리했다고 볼 수 있는 경우도 있었지만 대부분의 투자 수익은 언제나 기존의 기득권 세력들의 몫이었습니다.

기득권 세력들은 자신들이 '정치 수익률 대회'에서 승리하게 될 경우 온갖 명목으로 부당이득을 차지해 왔습니다. 재벌과 금융 자본이 어려워지면 언제나 금융 부채 탕감, 세금 면제 등의 방법으로 부당이득을 챙겨 왔습니다. 그리고 언론 권력들에게는 각종 특혜나 막대한 정부 광고비를 지원하면서 부당이득을 배분해 왔습니다.

대한민국 모든 구성원에게 공정하게 배분된 '정치 투자금'이었고 얼마든지 '정치 수익률 대회'에서 '시민 정치투자자'들이 승리할 수 있었고 그 결과 정당한 투자 이득금을 받을 수 있었는데 왜 매번 그들에게 '정당한 수익'을 뺏기면서 여기까지 왔을까요?

제가 생각하는 패배의 원인은 공정하게 배분된 '정치 투자금'을 포기하거나 투자 이전에 '사랑이나 동정'의 감정으로 냉철한 '정치 종목 선정'을 하지 못했거나 늘 기득권들의 벌이는 정치 조작에 속아 왔기 때문이라고 생각합니다.

이제는 '정치 투자(투표) 행위'에 대해서 보다 정밀한 분석과 적극적인 투자가 필요합니다. 어느 정치 종목이 시민 투자자들에게 정당한 배당 이익이나 복지 혜택 같은 '당장의 수익'을 줄 것인지 어느 정치 종목이 그러한 약속을 지켜 왔는지 누가 우리를 속이고 있는지⋯⋯.

'정치 종목을 사랑할 때'는 그가 정치 생활을 그만두고 내려왔을 때, 우리는 아낌없는 사랑을 하면 됩니다.

8장

당신의 수익은 우연입니다

(#경제 지표) (#파동) (#주식투자)

자세히 보기 >

1.
왜 '우연'이라고
할까요?

　주식투자에 많은 경험이 있는 사람들이 잘 알고 있듯이 현재 주식시장
은 '공정'을 표방하는 수많은 제도적 장치가 있다고는 하지만 일반 투자
자(소액주주)들에게는 일방적으로 불리한 룰이 운영되는 '개미들의 무덤'
과도 같습니다.

　주식시장에서 '승자의 필수 조건'은 자본과 정보인데, 일반 투자자들의
자본 규모와 정보 접근성이 대규모 투자 자본을 따라간다는 것은 불가능
합니다. 투자 자본의 규모가 어떻게 시장을 왜곡시키고 교란하는지에 대
해서는 자세히 따로 거론하지 않아도 주식시장에 참여해 본 사람들은 누
구나 경험을 통해서 알 수 있는 일입니다.

　정보의 접근성은 더더욱 그렇습니다. 대규모 투자 자본이나 주식을 발
행하는 회사들은 물론 회사와 직간접으로 관계된 사람들은 정보의 생산
과 유통은 물론이고 얼마든지 정보의 생성 시기나 유통 시기마저도 스스
로 결정할 수 있는 막강한 권한을 가지고 주식시장에 참여하고 있습니다.
그러한 주식시장의 여건 속에서 일반 투자자(소액주주)들이 어떤 노력을
기울인다고 해도, 또한 많은 시간을 들여서 주식투자 공부를 한다고 해

도 성공한 투자의 성과를 만든다거나 주식시장에서 오래도록 투자자로 살아남는다는 것은 '우연'일 수밖에 없을 것입니다. 일반 투자자(소액주주)들의 수익이 '우연'과 같은 것이라는 설명을 하기 위해서 '경제 파동'의 예를 들어서 설명해 보겠습니다.

1) 파동의 고점 타기

여러분도 잘 알고 있다시피 세계의 모든 경제 지표를 나타내는 그래프에는 때로는 규칙적이고 때로는 불규칙적으로 발생하는 원인으로 인하여 각각의 파동이 나타납니다. 9·11테러 사태로 인한 주식시장의 폭락과 극복 과정 또한 2008년 리먼브라더스 위기와 양적완화라는 회복 과정 그리고 최근의 코로나19로 인한 팬데믹(Pandemic, 대유행)이 그와 같은 상황을 잘 설명해 주고 있습니다.

이러한 불확실성이 상존(尚存)하는 글로벌 경제의 미래를 예측한다는 것은 불가능하다고 단언할 수 있을 것입니다.

세계 경제 지표의 파동

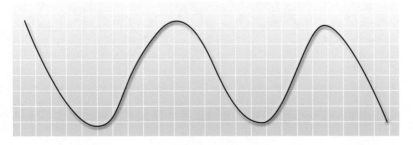

불확실성이 상존하는 글로벌 경제와 함께 각 나라별로 각국 정부가 가지고 있는 정치, 경제적 내부 요인으로 인한 불확실성 역시 주식시장의 예측에 커다란 장애물일 것입니다.

국내 경제 지표의 파동

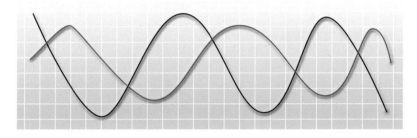

또한 우리나라의 조선 산업의 예에서 잘 드러나듯이 침체와 활황 그리고 다시 침체와 성장을 반복하는 글로벌한 시장 환경에 민감하게 반응하는 각각의 산업별로 얽혀있는 불확실성 역시 마찬가지입니다.

각 산업별 지표의 파동

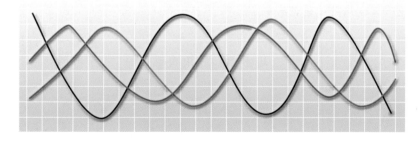

그리고 공개되거나 공개되지 않는 해당 기업이 안고 있는 내부적인 문제와 외부적인 예측할 수 없는 요인들 역시 변동 폭이 큰 파동을 내포하고 있습니다.

각 기업별 경제 지표의 파동

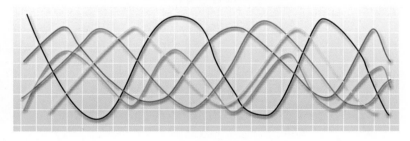

이와 함께 주식시장의 투자 주체 중에서 가장 다수의 투자 주체인 각 가정이 가지고 있는 각각의 내부적 경제 지표의 변동 요인들도 마찬가지의 적지 않은 파동을 품고 살아가고 있습니다.

각 가정별 경제 지표의 파동

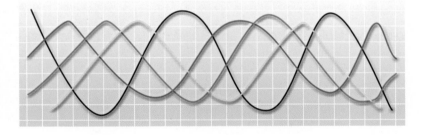

결국, 대규모 자본의 기관 투자자이건 일반 투자자들이건 간에 주식시장의 모든 참여자는 시장에 영향을 줄 수 있는 수많은 경제 내외적 불확실성의 요인을 가지고 있습니다. 이로 인하여 변동성이 존재하는 파동들의 고점을 누가 많이 타고 넘으면서 살아남느냐가 주식투자에 성공하느냐 실패하느냐를 판가름 짓는 것입니다.

하지만 일반 투자자(소액주주)들일 경우, 이러한 여러 가지의 파동들 사이에서 단 한 번만이라도 폭락 저점으로 빠지게 되면 회복할 수 없는 경제적 타격을 입게 되고 주식투자 시장을 영원히 떠나야 하는 상황이 발생하게 되는 것입니다.

고점에서 고점으로

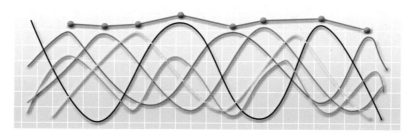

다만 한 가지, 주식시장에서 예측 가능한 지표는 자본주의를 국가의 경제 운영 체계로 채택하고 있는 거의 모든 국가는 어느 정도의 인플레이션(Inflation)*은 용인하고 있으므로 주식시장에서 이러한 인플레이션의 상향성(上向性)은 그나마 예측할 수 있는 긍정적 경제 지표로 볼 수 있을 것입니다.

인플레이션의 상향성

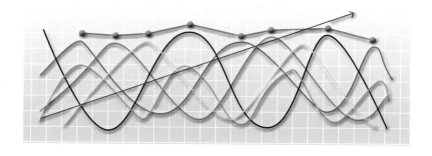

* 화폐 가치가 하락하여 물가 수준이 전반적으로 상승하는 현상입니다.

자본주의 국가들이 어느 정도의 인플레이션을 용인하고 있는 이유 가운데 하나는 국가 재정 수익을 손쉽게 확대할 수 있기 때문입니다. 간단히 예를 들어본다면, A라는 상품이 1만 원에 거래될 때 국가는 부가 가치세(VAT, 10% 가정)를 1천 원 부과하여 징수할 수 있지만 A라는 상품이 5만 원에 거래된다면 간단하게 5천 원을 부가 가치세로 징수할 수 있습니다. 이렇듯 자본주의 시장 체계에서 인플레이션의 상향성은 주식시장에도 적용되고 이는 긍정적인 요인으로 해석할 수 있습니다.

앞에서 언급했던 대한민국 주식시장의 공정하지 못한 제도적인 불리함과 투자 자금의 규모, 정보의 비대칭성뿐만 아니라 전문적인 지식과 경험이 부족한 일반 투자자들이 수많은 경제 요인으로 움직이는 파동의 고점을 다시 고점으로 뛰어넘으면서 주식투자에 성공하거나 주식시장에서 오래도록 살아남는다는 것은 '우연'이라고 말하는 것이 솔직한 표현일 것입니다. 그래서 주식시장에서는 많은 일반 투자자가 그러한 '우연'을 필연으로 만들 수 있다고 착각하거나 우연을 필연으로 스스로 만들어 보려고 오랜 시간을 투자하여 주식투자에 관한 공부를 하기도 하고 주가조작 세력들의 유혹에 넘어가 투기 매매에 동참하기도 하며 유명 애널리스트를 신앙처럼 받드는 일을 하는 것입니다.

2.
'우연' 만들기

저는 '우연'을 만들어 낸다는 것보다는 언젠가 일반 투자자, 자신에게 다가올 우연을 스스로 '받아들일 준비'에 대해서 이야기해 보려고 합니다.

이 책을 쓰는 내내 주식투자에 대해서 비판적이고 비관적인 내용들을 많이 적어 왔습니다. 그런 상황은 어차피 당장 바뀌지도 않고 바꿀 수도 없는 자본주의 체제에 우리는 살아가고 있습니다. 그런데도 주식시장에서 일상적인 투자에 참여하고 있는 수백만 명의 일반 투자자(소액주주)들이 있고 앞으로도 상당 기간은 그렇게 살아가야 하는 것이 지금 대한민국 현실입니다. 그렇다면 제가 주식시장에서 경험했던 것들을 일반 투자자(소액주주) 여러분들이 조금은 더 많은 '우연'을 받아들일 수 있게 몇 가지를 적어 보겠습니다.

1) 주식투자는 '끝전'으로

'끝전'은 '남는 돈'의 의미입니다. 제가 2002년 BBK(옵셔널벤처스)의 피해 주주 모임을 이끌 당시의 필명이기도 합니다.

모든 금융투자는 여윳돈, 남는 돈으로 해야 한다는 것은 누구나 알고 있는 상식이지만 주식투자에서도 예외는 아닙니다. "10년이면 강산도 변한다."라는 속담에서도 알 수 있듯이 부동산 투자는 보통 '강산이 변할 만큼의 세월을 견뎌 줄 수 있는 여윳돈'으로 해야하는 이유는 '강산이 변한다.'라는 것으로 투자한 부동산의 획기적인 개발이 이루어진다는 것을 말하기 때문입니다.

주식투자 역시 그러한 여윳돈으로 투자를 해야 '투자 성공의 우연'이 가능합니다. 주식시장의 구조 자체가 이러한 '끝전의 투자 패턴'을 필요로 하지만 수많은 투자 주체가 겨루는 '투자 심리의 경연장'인 주식시장에서는 투자자 개인의 흔들리지 않는 멘탈(Mental, 정신력)을 위해서도 반드시 필요한 조건입니다.

주식투자를 전업으로 하는 사람들의 많은 수가 조울증* 증세가 있습니다. 더욱이 데이 트레이딩(Day Trading)**이나 스켈퍼(Scalper, 초단타 매매 방식)*** 방식의 전업 투자자들에게 두드러지게 많이 나타나는 현상입니다. 그리고 주식투자를 할 수 있는 여윳돈이 있다고 하더라도 여윳돈을 모두 한 꺼번에 투자해서는 안 됩니다. 예를 들어 자신이 보유한 여유 자금 중에서 일부를 떼어 내서 1000만 원의 투자 금액을 책정했다고 가정했을 때, 신중하게 종목을 고른 후 직접 주식투자를 하는 금액은 30%(300만 원) 정도만 투자를 해야 합니다.

---

* 일반적으로 조울증이라고 알려져 있는 마음의 병을 정신과에서는 양극성 장애라는 병명을 사용합니다. 양극성 장애는 기분, 에너지, 생각과 행동에 극단적인 변화가 특징으로 치료가 가능한 병입니다.

** 매일 주식을 사고파는 투자 방식입니다.

*** 주식을 하루에도 단시간에 수십 번씩 사고팔면서 투자하는 방식입니다.

나중에 매수한 종목이 하락하여 손실을 만회할 목적으로 추가 매수(물타기)를 한다고 해도 추가 20%(200만 원)를 넘어서는 안 됩니다. 다시 해당 종목이 추가 하락을 한다고 해도 더는 추가 매수(물타기)를 피해야 합니다. 종목이 상승할 때도 마찬가지 비율로 투자를 하는 것이 좋습니다.

만약 그렇게 주식 투자금으로 책정한 50%(500만 원)가 모두 손실을 보았다고 해서 나머지 50%의 투자금으로 바로 주식투자에 접근한다면 똑같은 결과를 반복해서 가져올 수 있습니다. 그러니 다시 주식투자를 해야겠다고 생각했을 때는 주식투자 금액이 다시 1000만 원이 되었을 때 시작하는 것이 좋습니다.

2) 투자 종목을 선정할 때

자기가 살아오면서 경험한 직업이나 전공과 가까운 종목을 선택하는 것이 좋습니다. 일반 투자자들 중에는 전문가 못지않은 수익을 내는 일반 투자자를 가끔 볼 수 있는데 이들은 모두 자신이 몸담고 있는 직업이나 직종, 해당 산업의 경험을 투자에 반영한 결과입니다.

또한 이런 투자 방식이 훌륭한 이유는 관련 사업이나 종목 정보에 접근성이 좋고 정보의 이해도가 빨라서 '수익의 우연'을 받아 낼 수 있는 확률이 매우 높습니다.

3) 정보를 해석할 수 있는 능력

똑같은 정보를 얻게 되더라도 그 정보의 진실성 여부, 정보의 정확도 등을 판단할 수 있는 능력은 각자 다릅니다. 그러므로 자신이 얻게 되는 정보의 해석과 분석 능력을 길러야 합니다.

누군가로부터 "어떤 종목이 상승할 것이다!"라는 정보를 들었다고 해서 무작정 따라서 추격 매수를 하다가는 대규모 자본의 미끼를 물게 되거나 총알받이가 되기 일쑤입니다.

경제 신문의 기사가 쏟아지거나 애널리스트들의 '매수 추천 리포트'가 쏟아져 나올 때, 단기간의 상승을 놓치더라도 해당 종목의 공개된 기본 자료들을 검토하고 투자에 임해야 합니다.

일반 투자자들이 누군가로부터 어떤 종목의 매수 추천을 받았을 때 그 종목의 주가 차트를 보면 대부분 주가가 어느 정도 상승한 뒤인데, "이 주식이 얼마까지 더 갈 것이다."라고 하는 유혹에 넘어가서 추격 매수를 했다가는 하락의 늪으로 빠지게 됩니다. 그러므로 어떤 종목의 정보가 자신에게 들어왔을 때, 그 정보의 유통 과정과 그 회사의 기본적인 구조를 파악해야 한다는 것은 필수적인 사항입니다.

그리고 그 종목의 기본 공시 정보를 이해할 수 있어야 합니다. 공시 내용에는 회사의 지난 몇 년간에 걸친 매출액이나 영업 이익의 상태, 대규모 계약 내용이나 경영권의 변동 공시, 소송 관련 공시 등이 나오는데 이러한 공시 내용과 시기를 해당 종목의 일간 차트(일봉)와 비교하면서 가격과 거래량의 변동 사항을 점검하고 투자에 임하는 것이 좋습니다.

4) 현금 보유도 투자입니다

많은 일반 투자자가 '주식투자'를 한다는 것을 "반드시 주식을 사서 자신의 증권 계좌에 보유하고 있어야 주식투자다."라고 생각합니다. 하지만 주식이 아니라 주식에 투자할 현금을 보유하고 시장을 지켜보고 분석하고 인내하는 것도 역시 주식투자입니다. 즉, 주식 보유와 현금 보유의 사이를 적절한 시기에 옮겨 다니는 것이 현명한 주식투자 방식입니다.

5) 바닥 종목 고르기

주식시장에서 성공적 투자를 단순하게 표현하자면 '싸게 사서 비싸게 파는 것'입니다. 주식을 가장 싸게 살 수 있는 방법은 주식을 찍어 내서 주식시장에 파는 '창업'을 예로 들 수 있겠습니다.

이렇게 '창업 가격에 가까운 종목'을 사고파는 것이 비상장 주식시장(장외시장)이라고 할 수 있을 것입니다. 하지만 비상장 주식시장은 여러 가지 검증되지 않은 회사 내외적인 이유로 일반 투자자들 입장에서는 커다란 리스크를 가지고 있고, 정보에 취약하므로 접근하기 힘든 시장이기도 합니다. 그렇다면 상장주식에서 바닥 종목을 고르는 방법으로는 어떤 것이 있을까요?

주가가 상승하지 못하고 바닥에 있는 이유는 여러 가지가 있을 것입니다. 회사의 영업 실적이 악화됐다거나 시장의 테마에서 소외됐다거나 경영진의 홍보 부족으로 투자자에게 알려지지 않았다거나 회사의 오너나 경영진의 도덕적 해이(Moral Hazard)로 인하여 회사가 경영의 위기에 빠진 것 등 여러 가지 원인으로 인하여 주가가 상승하지 못하고 바닥에 머무르는 경우가 있습니다.

여기서 가장 위험한 종목은 회사의 오너나 경영진의 도덕적 해이로 인하여 회사가 경영 위기에 빠진 종목으로 이런 이슈가 있는 종목은 투자 종목 리스트에서 처음부터 지워 버리는 것이 좋습니다. 이런 종목은 일시적인 실적 악화로 인하여 하락한 종목보다도 더 위험한 종목입니다. 그러나 이런 바닥 종목 중에서 창업주가 지속적인 경영을 하고 있는 종목(일명 '손을 타지 않은 종목'), 해당 산업의 일시적인 시장 변동성으로 인하여 가격이 위축되어 있는 종목 중에서 자기자본 비율이나 부채 비율이 양호한 종목을 골라서 저축하듯 장기간에 걸쳐 분할 매수한다면 큰 폭의 상승 수익을 올릴 수 있는 '우연'을 만나게 될 것입니다.

여러분의 수익이
우연이 아닌 필연이 되는 세상

제가 생각하고 있는 '우연을 많이 받아들이는 방법' 중에서 마지막으로 중요하다고 보는 것이 하나 있습니다.

그것은 대규모 자본, 기관 투자자, 재벌 기업 등에게만 유리한 주식시장의 룰을 일반 투자자들에게도 유리한 아니 그것까지는 바라지 않더라도 '사전적으로 공정한 룰'에서 '현실적으로 공정한 룰'로 변화시키는 것이 아닐까 생각합니다.

그렇게 하기 위해서는 주식시장에 지금도 참여하고 있는 일명 '개미'라고 불리고 있는 일반 투자자 여러분들이 주식시장에서 불리하게 적용되는 룰의 운영을 방관만 하고 있을 것이 아니라 더욱 적극적인 행동과 목소리로 자본시장과 주식시장의 제도 개혁을 외쳐야 하고 그러려면 개혁적인 정치에도 끊임없는 관심이 필요하지 않을까 생각합니다.

그렇게 공정한 룰이 현실의 자본시장과 주식시장에서 운영되는 날이 온다면, 주식시장 참여자들 누구나 최선을 다해서 노력하고 공부하면, 그러한 당사자들에게 돌아가는 주식투자의 수익이 '우연이 아니라 필연'이 될 수도 있다고 생각합니다. 그런데 과연 그런 세상이 올까요?

일반 투자자 여러분들의 수익이 우연이 아닌 필연이 될 수 있는 세상이 오기를 저는 간절히 기도하겠습니다.

무상無常

봄이 왔다더니
벌써 가 버렸고

목련은 피었다더니
흔적만 적적하다

병 다 나아서 온다던 그 사람도
끝내 소식 없구나

아직 삭은 대궁을 흔들고 있는
저 갈대도

새순에 까마득히 묻히리라
그러하리라

시인 김이하

에필로그

지난번 『제보자 X — 죄수와 검사』를 썼을 때, '무언가 좀 부족하다.'라는 느낌이 들었으나 '다음에 다시 책을 쓸 때는 좀 더 잘 써야지.'라는 무심함으로 지나친 기억이 있습니다. 당시 너무 많은 사건이 밀려왔기 때문에 그랬다고 변명을 하면서 스스로 이해를 구하기도 했습니다.

그런데 이 책을 쓰면서도 '주식시장에 대한 설명을 어디에 기준을 두고 써야 할까?' 하는 고민이 계속됐고, 자칫 '재미없는 참고서가 되지 않을까?' 하는 생각에 몇 번이고 글쓰기를 멈출 때도 있었습니다. 하지만 독자들이 두 번, 세 번 번거롭게 반복해서 읽게 되더라도 써야 할 내용은 꼭 쓰자고 마음먹고, 직접 경험하고 머릿속에 남아 있는 것들을 글자로 만들면서 여기까지 왔습니다.

초안을 거의 완성하는 시점에 이런 문장이 갑자기 떠올랐습니다. "인간이 지구에 붙잡혀서 살고 있는 이유가 지구의 중력(重力, Gravity) 때문이 아니라 수많은 사람과의 인연, 즉 인력(人力) 때문이 아닐까?"

이 책의 마지막을 읽는 당신에게 작은 '책 읽기의 보람'이 남게 되기를 간절히 희망합니다.

X-stock letter 1.

안녕하세요.제보자X 입니다.

지금까지 130여분 정도가 메일로 정보를 받겠다고 신청을 해 주셨어요.

제가 쓰고 있는 책의 초고가 이번달에 마무리 된다면 5월부터는 서두르지 않고, 천천히 주식과 관련된 영상과 letter를 써서 신청자분들에게 제공 할 예정입니다.

저는 회사의 경영이나 구조조정 또는 회사의 리스크를 체크하는 것을 오래 해왔고, 직접 투자를 해본지는 좀 오래됐습니다.

그래도 구독자분들이나 소액주주들의 투자에 조금이라도 도움이 된다면 아는 만큼 최선을 다해보겠습니다. 그리고 기존에 주식시장에서 투자하고 계시는 분들이라면, 투자의 실패담이나 성공담, 또는 보유하고 있는 종목들에 대해서 궁금한 것들이 있다면 메일로 사연을 주세요.

그러면 최선을 다해서 여러분들의 질문에 답변해 드리겠습니다. 또한 전체 참여자분들에게 필요한 정보라면 "함께 공부하자!"는 마음으로 다른 구독자분들과도 정보를 공유하겠습니다.

현재의 주식시장은 가장 투자의 리스크가 큰, 상승 고점에서의 우횡보의 구간입니다. 상승된 고점에서의 "우 횡보"는 제 경험상 횡보가 아니라 보이지 않는 하락이라고 생각합니다.

왜냐하면 투자 자본에는 늘 금융비용과 기회비용이 포함돼 있으므로 장기간의 "우횡보"는 주식시장에서 하락과 같은 의미로 인식해야 합니다. 이런 상승 고점에서의 우횡보는 악재에 취약합니다. 작은 악재에도 하락폭을 키울 수 있습니다.

전체 주식시장의 유동성 장세가 다 끝난 것은 아니지만, 투자 심리상의 유동성 장세는 거의 끝나가는 것으로 판단합니다. 이럴때는 보통 개별종목 장세인데 일반 투자자들은 수익을 낼 수 있는 방법이 쉽지 않습니다.

오히려 이러한 시장의 유동성은 상장 주식에서 점점 유망한 비상장 주식으로 넘어가는 것이 보통이라 아마도 내년쯤에는 비상장 회사에 대한 대규모 투자유치나 실적 발표 등이 언론에 많이 노출 될 가능성이 높습니다.

제가 여러분들에게 종목을 추천한다면 급등 종목보다는 안정적 종목이 우선 될 것입니다.

제가 돈을 벌기 위해서, 특별한 수익을 얻기 위한 것이 아니라, 의미있는 일을 해보자고 시작하는 것이기에 저의 위험과 여러분의 위험을 함께 지키는 것이 최우선이라고 저는 생각해서 입니다.

그럼 앞으로 최선을 다해보겠습니다.
여러분도 작은 수익이 난다면, 의미 있는 일을 해 주시기 바랍니다.

감사합니다.

2021년 4월 22일
제보자X 드림

X-stock letter 2.

안녕하세요. 제보자 X입니다.

두 번째 편지를 보냅니다.

대부분의 일반(소액)투자자들은 "주식투자를 한다."라는 것을 "반드시 자신의 증권계좌에 주식을 보유하고 있어야 한다"라고 잘못 이해하고 있습니다. 하지만 이것은 잘못된 생각이라고 생각합니다.

주식투자에 있어서 "주식보유와 현금보유 사이"를 적절한 타이밍으로 옮겨다니는 것이 최근 같은 상승 고점에서 우횡보하는 장세에서는 현명한 투자방식으로 보입니다. 즉, 주식투자를 할 현금을 보유하고 기다리는 것 역시 주식투자입니다.

오늘은 문의해 오신 종목에 대해서 몇 개 저의 생각을 정리보겠습니다. 첫 번째 종목은 "부산산업(011390"인데, 질문사항에 매수 단가를 알려주지 않아서 정확한 답변을 드리는 힘들 것 같습니다.

해당 종목은 부산의 가덕도 공항 등과 관련된 테마주로 분류되는데 제가 파악해본 바로는 아직까지 괜찮은 종목으로 보입니다. 시장에서 손타지 않은 종목으로 두달전(2021년 2월) 고점인 15만원대에서 내려와 있는 종목인데, 가덕도 신공항은 여당이든 야당이든 누가 부산을 이끌더라도 진행 될 수밖에 없는 사업으로 보입니다.

상장이후, 경영권 변동이 없었고, 재무상태도 상호 합니다. 하지만 이 주식의 단점은 거래량이 작아서, 예약주문 방식의 매매가 필요해보입니다. 경영진들에게 한가지 바램이 있다면, 현재 주당 액면가 5,000원에서 주식을 주당 500원 정도로 액면분할을 한다면 조금더 일반 투자자들에게 다가갈 수 있는 종목이 될 것으로 보입니다.

다음 질문을 준 종목은 퓨쳐켐(220100)입니다. 이 종목은 이OO81님이 문의하신 종목인데, 목표가를 2만원으로 보신다고 했는데, 제가 파악한 내용은 목표가 까지는 조금 더 시간이 걸릴 듯합니다.

이 회사의 특징은 단기간 내에 매출의 급상승 등으로 인한 재무호전은 기대하기 힘들어 보이고, 또한 아직 전환하지 못한 전환사채가 남아있어 언제든 물량 부담으로 다가올 가능성이 있어 보입니다.

또한 현재 대주주 지분이 취약하여 일반 투자자들의 안정적인 투자선택을 이끌어 내는 것 역시도, 당분간은 어려워 보입니다. 경영진에게 바램이 있다면, 현경영진 및 대주주가 "경영지분 확대" 등의 조치로 일반 투자자들의 기대해 부흥해줬으면 하는 것입니다.

다른 여러분들이 여러 종목에 대한 문의가 있었는데, 많은 종목에 대한 의견을 드리지 못해서 죄송합니다. 바쁜 것들이 조금더 정리되면 시간을 내서 더 많은 종목에 대한 의견을 드리도록 하겠습니다. 추가의 내용은 [제보공장] 영상의 "주식이야기"에 올려놓도록 하겠습니다.

감사합니다.

● 주의 : 이 레터는 발생된지 5일(거래일 수)이 초과하거나 단기간의 상승폭이 15% 이상일 때는 정보로서의 가치가 소멸될 수 있음을 알려드리니, 투자에 유의하시기 바랍니다.

2021년 4월 29일

제보자X 드림

제보자X의 제보공장

X-stock letter 3.

안녕하세요. 제보자X입니다. 세 번째 편지를 보냅니다.

투자 종목을 선정할 때, 자신이 살아오면서 경험한 직업이나 전공과 가까운 종목을 선택하는 것이 좋습니다. 일반 투자자들중에는 전문가 못지않은 수익을 내는 일반 투자자를 가끔 볼 수 있는데, 이들은 모두 자신이 몸 담고 있는 직업이나 직종, 해당 산업의 경험을 투자에 반영한 결과입니다.

또한 이런 투자 방식이 훌륭한 이유는 관련 사업이나 종목에 대한 정보의 접근성이 좋고, 정보의 이해도가 빠르기 때문에 수익을 낼 수 있는 확률이 매우 높습니다.

일반 투자자들이 누군가로부터 어떤 종목의 매수추천을 받았을 때, 해당 종목의 주가 차트를 보면, 대부분 경우 주가가 어느 정도 상승한 이후인데, "이 주식이 얼마까지 더 갈 것이다"라고 하는 유혹에 넘어가서 추격 매수를 했다가는 대규모 자본들의 미끼를 물게 되거나, 세력들의 총알받이가 되기가 일 수이고 하락을 늪으로 빠지게 됩니다.

그러므로 해당 종목의 정보가 자신에게 들어왔을 때, 그 정보의 유통과정과 해당 회사의 기본적인 구조를 파악해야 한다는 것은 필수적인 사항입니다. 해당 종목의 기본적인 공시 정보를 이해할 수 있는 힘을 키워야 합니다.

🗨️ 봉란님이 이런 질문을 해주셨습니다.

좋은정보를주시면 제보자님께서추천하시는곳에후원하고싶은마음에메일을보냅니다~ㅎ
제가보유한종목중 바이오스마트 12000원매수가인데매수가에매도할수있을런지도궁금합니다

제가 검토한 결과로는 이 종목에는 당장의 큰 내부적인 문제는 보이지 않지만 매수한 단가는 작년 급등시 매수한 것으로 보여요. 그래서 당장의 큰 상승 변동은 없어 보입니다.

🗨️ 한송이님은 이런 질문을 주셨습니다.

imbc인거 같은데. 최근 방송에서 꼭 테마로 들어간건 아니라고 호재가 있을 것 같은 뉘앙스로 들리더군요. imbc 주식은 어떤가요?

이 주식은 여러분들 잘 알고 계시듯이 MBC의 자회사입니다. 내부의 호재는 제가 내부자가 아니라 잘 알수는 없습니다. 하지만 이 주식은 선거때만 되면 많이 거론되는 주식이기도 합니다. 작년 12월부터 움직이기 시작해서 올해 보궐선거 직전까지는 크게 움직였던 종목입니다. 제 개인적인 의견으로는 당시 들어왔던 세력들의 물량들이 다 빠져나가지는 않은 모양새입니다.

지금 가격대에서의 횡보가 예상됩니다. 물론 그 방향은 직전 시세가 오를 때 들어왔던 세력들이 물량을 내년 대선국면까지 가지고 가느냐, 털고 가느냐에서 방향성은 좀 달라질 수 있다고 봅니다.

🗨️ 장경부님은 이런 문의를 해주셨습니다.

먼저 검찰개혁과 더 나은 세상을 위한 X님의 저항과 용기에 경의를 표합니다. 그리고 제가 셀트리온이 생각보다 최근 하락이 지속되어 지난주에 매수했는데 5월초에 공매도가 재개되는 싯점에서 향후 전망이 궁금합니다.

저는 개인적으로 셀트리온에 대해서 좋지 않은 기억들이 있습니다. 다 설명할 수 없지만 2005년경 상장직후 나 그 이전의 비상장일 때에도 그런 기억이 있습니다. 작년 11월말경 뉴스공장에 이 회사의 오너를 출연시켰던 것도 적절치 않았다고 생각합니다. 출연 이후의 주가 흐름이 그것을 어느정도는 보여준다고 생각합니다. 제 개인적인 예측으로는 당분간 큰 상승은 기대하지 않고 있습니다.

다시한번 말씀드리면 기다림도 투자입니다. 금융시장에는 이런말이 있습니다. "돈은 곰팡이슬지 않는다" 기다림의 중요한함을 뜻하는 말입니다.

이제 주식정보를 요청하신분들이 500분에 이르게 됐습니다. 책을 내는 것이 출판사에 원고만 넘겨준다고 끝나는 일은 아닌 것 같습니다. 이런저일 잔일들이 있습니다. 되도록 빠른시일에 마무리하고 여러분의 요청에 더욱 최선을 다해보겠습니다.

감사합니다.

2021년 5월 17일
제보자X 드림

 제보공장

X-stock letter 4.

안녕하세요. 제보자X입니다.
네 번째 편지를 보냅니다.

"주식시장의 룰(Rule)이 대규모 자본세력보다 일반투자자(소액주주)들에게는 일방적으로 불리한 구조로 이루어졌다"는 것이 제가 오래기간 주식시장의 경험을 통해서 얻은 교훈입니다. 그것이 제가 "X-stock letter"를 시작하게 된 이유입니다.

정보 신청자분들이 5백명이 넘어서면서 지금같은 웹자보 형식이 아닌, 보다 많은 정보를 보다 빠른 시간에 소통하는 것이 좋겠다는 생각에 다른 형식의 소통방식을 고민하고 준비하기로 했습니다.

'Handsome' 님의 메일 질문 요약.

제보자 X님. 주기적으로 보내주시는 정보 잘 받아보고 있습니다. 혹시 조언을 얻을수 있을까… 싶어 메일을 보내게 되었습니다.

종목 : 우리들휴브레인, 평단(평균단가) : 2,600원, 비중 : 70%

유명 유튜버의 추천으로 매수하게 되었고, 11월 말쯤 "우리들 휴브레인종목이 곧 5천원을 다시 보낼예정이니 3천원대부터 매수하세요" 라고 합니다. 그래서 3300원대 매수했다가 3천원이 깨져서 손절 했었고 1월쯤부터는 구정쯤부터해서 쏠예정이니 추매하라는 사인을 냈습니다. 그래서 전 다시 매수하게 되었습니다.

3월말 갑자기 주주배정 유증공시에 주가가 갭하락하였고, 그러나 주가는 좀 오르는듯 하더니 다시 흐르는 상황이고, 어떻게 해야할지 막막합니다. 우리들 휴브레인은 계속해서 유증 정정 공시만 4번이나 올리고 있고… 주가는 연일 신저가를 갱신하며 흐르고 있는 상황입니다…. 손절친금액 포함 3000원이상 가면 수익을 볼 수도 있는 상황인데 혹시 수익을 볼 수도 있을까요??

이 종목은 주당 1690원대에 주주배정 증자방식으로 460억원대의 대규모 유상증자를 진행 중입니다. 증자목적의 대부분은 미상환 전환사채의 변제를 목적하는 것으로 보이고, 배정기준일은 6월 8일이고 현재가는 2000원대 초반입니다. 제가 검토한 의견은 먼저, '3천원'까지는 특별한 상황이 없는 한 시간이 오래 걸릴듯합니다.

그리고 회사 차원에서는 주식의 싯가와 배정가의 갭을 벌려야 하는 이유는 주주배정의 증자 참여비율을 높이기 위해서입니다. 주주배정가 1690원대이면 시장의 주가가 배정가보다 높으면 높을수록 주주들은 유상증자 참여로 차익을 얻기 위해서 유상증자참여를 하게 되기 때문입니다.

이 회사가 아닌 다른 코스닥 회사들의 경우에는, 증자의 성공을 위해서 주식 롤링(Rolling)팀을 투입하여 유상증자 기간 동안 인위적으로 주가를 띄우기도 합니다(엄밀히 말하면 불법입니다) 여기서 방향은 두가지로 잡을 수도 있습니다. 주주배정시 갭을 만들지 않고, 대규모 실권주를 만들고 이후, 실권주를 일반증자 변경한 후, (Rolling)팀을 투입해서 갭을 만들기도 합니다. 어찌됐든 인위적으로 올려진 가격대는 오래 유지되지 않습니다. 유상증자가 끝나면 증자 물량이 쏟아지고 가격은 다시 하락하여, 수요-공급의 시장 원리로 가격이 형성됩니다.

이 종목은 주당 1690원대에 주주배정 증자방식으로 460억원대의 대규모 유상증자를 진행 중입니다. 증자목적의 대부분은 미상환 전환사채의 변제를 목적하는 것으로 보이고, 배정기 준일은 6월 8일이고 현재가는 2000원대 초반입니다. 제가 검토한 의견은 먼저, '3천원'까 지는 특별한 상황이 없는 한 시간이 오래 걸릴듯합니다.

그리고 회사 차원에서는 주식의 싯가와 배정가의 갭을 벌려야 하는 이유는 주주배정의 증자 참여비율을 높이기 위해서입니다. 주주배정가가 1690원대이면 시장의 주가가 배정가보다 높으면 높을수록 주주들은 유상증자 참여로 차익을 얻기 위해서 유상증자참여를 하게 되기 때문입니다.

이 회사가 아닌 다른 코스닥 회사들의 경우에는, 증자의 성공을 위해서 주식 롤링(Rolling)팀 을 투입하여 유상증자 기간 동안 인위적으로 주가를 띄우기도 합니다(엄밀히 말하면 불법입 니다) 여기서 방향은 두가지로 잡을 수도 있습니다. 주주배정시 갭을 만들지 않고, 대규모 실 권주를 만들고 이후, 실권주를 일반증자 변경한 후, (Rolling)팀을 투입해서 갭을 만들기도 합니다. 어찌됐든 인위적으로 올려진 가격대는 오래 유지되지 않습니다. 유상증자가 끝나면 증자 물량이 쏟아지고 가격은 다시 하락하여, 수요-공급의 시장 원리로 가격이 형성됩니다.

우리들휴브레인은 적자를 기록하다가, 이번 당기에는 영업이익은 적자이나 당기순이익은 100억원대 흑자상태로 감사보고서에 기록되어 있습니다. 또한 대주주는 ㈜초록뱀미디어가 보유한 투자조합이 6%대의 낮은 지분으로 경영되고 있습니다. 따라서 단기간 이내의 3천원 대 회복은 부정적으로 보입니다.

● 그리고 메일을 보내시는 분들 중에서 '돈을 주겠다'는 분들이 계시는데, 저는 돈을 받지 않 습니다. 돈을 받으면 저는 다시 '그곳'으로 가야 합니다. 먹을 것을 보내주신다는 분도 계시는 데, 먹을 것은 받을 수 있지만 지금은 마땅히 수취할 곳이 없습니다...ㅋㅋㅋㅋ

되도록 여러분들과 보다 많은, 보다 빠른 소통을 할 수 있는 방법을 만들어 보겠습니다. 여러 분들의 응원 메일이 제게는 힘이 됩니다. 영상으로도 여러분들의 메일을 소개하면서 정보를 공유하는 방법도 고민중입니다.

감사합니다.

2021년 5월 21일

제보자X 드림

X-stock letter 5.

안녕하세요. 제보자X입니다.
여섯번째 편지를 보냅니다.

많은분들이 메일로, 자신이 보유한 종목에 대해서 알아봐 줄 것을 요청합니다. 그래서 특별한 이슈가 없는 종목은 건너뛰고, 이슈가 있거나 함께 공부할 내용이 있는 종목들을 우선 분석하게 됩니다.

수사나 보도를 위해서는 한 종목의 사건을 파악하는 것은 2주 이상의 시간이 필요합니다. 이 편지를 쓰기 위해서도 보통 한 종목을 파악해서 편지 위에 올리기까지 4-5 시간이 소요됩니다. 그래도 최선을 다해서 파악하고 있습니다.

question?

"부자비상"님의 질문요약

안녕하세요. 제보자X님 보내주시는 편지 고맙게 잘 보고 있습니다.
올해 2월5일 상장한 종목인 프레스티지바이오파마에 대해 고견을 듣고 싶습니다. 상장주가는 32,000원이고 40,000에 매수하여 현재 마이너스 상태입니다.

파이프라인이 여러개인 바이오주이나 현재 실적이 없습니다. 지금 더 매수를 해도 되는지 손절하기엔 금액이 커서 고민입니다.

answer

이 주식은 "싱가폴" 회사의 주식이고 주식의 액면가가 없는 "DR(주식예탁증서)" 거래입니다. 이 회사의 상장 당시 공모가를 정할 때, 밴드(가격의 범위)는 25,000원~3만 2천원이었는데, 3만 2천원에 확정되어 공모가 된 주식입니다.

현재 대주주를 비롯한 특수관계인 지분이 약 51%가 3년간 매매를 할 수 없는 "보호예수"로 묶여있고, 기 발행된 전환사채의 전환가 역시 "90달러(USD)"이니 주가에는 부담이 없을 듯 합니다.

또한 다른 기관투자자들의 지분도 보호예수가 6개월로, 올 8월부터 거래가 가능하지만 현재는 시장가격이 공모가를 밑돌고 있으니 당장의 물량 출회는 없을 것으로 보입니다.

재무상으로 지금은 영업실적이 미미하지만, 이미 3상을 통과한 제품들이 있고, 바이오시밀러(바이오복제)는 제품의 특성상 개발-생산의 기간이 짧고 비용이 원천기술보다는 저렴하고, 기존의 상품 판매의 경로가 있으니 곧 재무제표에 반영될 것으로 보여서 제 개인적인 판단으로는 현재 가격대에서의 매도 보다는 보유와 추가 하락 시, 일부 추가매수가 것이 맞다고 생각합니다.

다만 매수가격대인 4만원대 까지는 시간이 더 필요해 보입니다.

"남윤•"님의 질문 요약

안녕하세요. 증권 투자를 한지는 꽤 오래 됐습니다. 종목을 골라서 매매하는 일은 누구의 도움 받는일 없이 혼자서 하고 있습니다. 단기적인 수익을 얻는것은 어렵다고 생각하고 실적 우량주 를 매매하는 것을 기본으로 생각하고 투자를 해와서 큰수익은 못얻고 현상유지보다 조금나은 수익을 얻고 있습니다. 그런데 작년하고 올해에 수익율이 무척 저조 합니다

보유종목은 한독 33000원에 매수해서 3년째 손실난채로 기다리고 있습니다. 진양홀딩스 작년 3월 코로나때 매수해서 60%정도 수익인데 다른 종목들은 100%이상 다올라가는데 제것만 안 오르고 있습니다. 두달 전쯤에 현대 로템을 19,950원에 매수했는데 꼼짝도 안하네요. 세종목 모두 계속 보유를 해야 할지 갈아 타야 할지 한번 봐주세요~~~

answer

이 질문에 답변은 구체적인 종목 분석 보다는 다른 형식의 답변이 필요해 보입니다. 우선, 한독 은 작년 8월에 두차례나 4만4천원대를 찍었던 종목으로 현재의 손실은 매도 타이밍을 놓쳤기 때문이라고 생각합니다. 3년전 3만원대 매수면 긴 고난의 시간을 보냈을텐데 왜 4만원대 중반 에 매도를 안하셨는지가 의문입니다. 또한 매수한 가격대는 조만간 돌아갈 수 있을듯하니 기다 리면, 지금의 손실은 만회 될 것 같습니다.

진양홀딩스 역시, 투자 후 1년이내 60% 수익이면 괜찮은 수익률로 보여집니다. 늘 그렇듯 매수 보다 어려운 것이 "매도를 언제하느냐"이겠지요. 현대로템의 경우에도 매수가격대는 좋은 것 같습니다. 작년에는 적자 등의 이유로 움직임이 없었던 것 같은데, 제 개인적인 판단으로는 올 후반기부터 주가의 움직임이 긍정적일 것으로 생각합니다.

매번 편지를 준비하면서도 "빠트린 것이 없나?"하는 불안한 생각을 하게 됩니다. 현 재 5백명이 훨씬 넘는 메일 신청자분들과 메일이 아닌 다른 소통 방법을 고민중에 있습니다.

그래야 더많은 정보를, 더욱 빨리 공유할 수 있고, 서로 토론하고 공부하면서 주식 시장에 대한 이해를 높일 수 있을 것 같다고 생각합니다. 그리고 저의 메일을 모아 두었다가 해당 종목의 가격 변동을 주시하고 있으면서 매매에 참고하시면 도움이 될 것이라고 생각합니다.

소통방법이 진행되는대로 다시 메일을 통해서 알려드리겠습니다.

감사합니다.

2021년 5월 25일
제보자X 드림

X-stock letter 6.

안녕하세요. 제보자X입니다.
여섯번째 편지를 보냅니다.

많은분들이 메일로, 자신이 보유한 종목에 대해서 알아봐 줄 것을 요청합니다. 그래서 특별한 이슈가 없는 종목은 건너뛰고, 이슈가 있거나 함께 공부할 내용이 있는 종목들을 우선 분석하게 됩니다.

수사나 보도를 위해서는 한 종목의 사건을 파악하는 것은 2주 이상의 시간이 필요합니다. 이 편지를 쓰기 위해서도 보통 한 종목을 파악해서 편지 위에 올리기까지 4~5 시간이 소요됩니다. 그래도 최선을 다해서 파악하고 있습니다.

"부자비상"님의 질문요약

안녕하세요. 제보자X님 보내주시는 편지 고맙게 잘 보고 있습니다.
올해 2월5일 상장한 종목인 프레스티지바이오파마에 대해 고견을 듣고 싶습니다. 상장주가는 32,000원이고 40,000에 매수하여 현재 마이너스 상태입니다.

파이프라인이 여러개인 바이오주이나 현재 실적이 없습니다. 지금 더 매수를 해도 되는지 손절하기엔 금액이 커서 고민입니다.

answer

이 주식은 "싱가폴" 회사의 주식이고 주식의 액면가가 없는 "DR(주식예탁증서)" 거래입니다. 이 회사의 상장 당시 공모가를 정할 때, 밴드(가격의 범위)는 25,000원~3만 2천원이었는데, 3만 2천원에 확정되어 공모가 된 주식입니다.

현재 대주주를 비롯한 특수관계인 지분이 약 51%가 3년간 매매를 할 수 없는 "보호예수"로 묶여있고, 기 발행된 전환사채의 전환가 역시 "90달러(USD)"이니 주가에는 부담이 없을 듯 합니다.

또한 다른 기관투자자들의 지분도 보호예수가 6개월로, 올 8월부터 거래가 가능하지만 현재는 시장가격이 공모가를 밑돌고 있으니 당장의 물량 출회는 없을 것으로 보입니다.

재무상으로 지금은 영업실적이 미미하지만, 이미 3상을 통과한 제품들이 있고, 바이오시밀러(바이오복제)는 제품의 특성상 개발-생산의 기간이 짧고 비용이 원천기술보다는 저렴하고, 기존의 상품 판매의 경로가 있으니 곧 재무제표에 반영될 것으로 보여서 제 개인적인 판단으로는 현재 가격대에서의 매도 보다는 보유와 추가 하락 시, 일부 추가매수가 것이 맞다고 생각합니다.

다만 매수가격대인 4만원대 까지는 시간이 더 필요해 보입니다.

"남윤*"님의 질문 요약

안녕하세요. 증권 투자를 한지는 꽤 오래 됐습니다. 종목을 골라서 매매하는 일은 누구의 도움 받는 일 없이 혼자서 하고 있습니다. 단기적인 수익을 얻는것은 어렵다고 생각하고 실적 우량주를 매매하는 것을 기본으로 생각하고 투자를 해서 큰수익은 못얻고 현상유지보다 조금나은 수익을 얻고 있습니다. 그런데 작년하고 올해에 수익율이 무척 저조 합니다

보유종목은 한독 33000원에 매수해서 3년째 손실난채로 기다리고 있습니다. 진양홀딩스 작년 3월 코로나때 매수했나 60%정도 수익인데 다른 종목들은 100%이상 다올라가는데 제것만 안 오르고 있습니다. 두달 전쯤에 현대 로템을 19,950원에 매수했는데 꼼짝도 안하네요. 세종목 모두 계속 보유를 해야 할지 갈아 타야 할지 한번 봐주세요~~~

answer

이 질문에 답변은 구체적인 종목 분석 보다는 다른 형식의 답변이 필요해 보입니다. 우선, 한독 은 작년 8월에 두차례나 4만4천원대를 찍었던 종목으로 현재의 손실은 매도 타이밍을 놓쳤기 때문이라고 생각합니다. 3년전 3만원대 매수면 긴 고난의 시간을 보냈을텐데 왜 4만원대 중반 에 매도를 않하셨는지가 의문입니다. 또한 매수한 가격대는 조만간 돌아갈 수 있을듯하니 기다 리면, 지금의 손실은 만회 될 것 같습니다.

진양홀딩스 역시, 투자 후 1년이내 60% 수익이면 괜찮은 수익률로 보여집니다. 늘 그렇듯 매수 보다 어려운 것이 "매도를 언제하느냐"이겠지요. 현대로템의 경우에도 매수가격대는 좋은 것 같 습니다. 작년에는 적자 등의 이유로 움직임이 없었던 것 같은데, 제 개인적인 판단으로는 올 후반기부터 주가의 움직임이 긍정적일 것으로 생각합니다.

매번 편지를 준비하면서도 "빠트린 것이 없나?"하는 불안한 생각을 하게 됩니다. 현 재 5백명이 훨씬 넘는 메일 신청자분들과 메일이 아닌 다른 소통 방법을 고민중에 있습니다.

그래야 더많은 정보를, 더욱 빨리 공유할 수 있고, 서로 토론하고 공부하면서 주식 시장에 대한 이해를 높일 수 있을 것 같다고 생각합니다. 그리고 저의 메일을 모아 두었다가 해당 종목의 가격 변동을 주시하고 있으면서 매매에 참고하시면 도움이 될 것이라고 생각합니다.

소통방법이 진행되는데로 다시 메일을 통해서 알려드리겠습니다.

감사합니다.

2021년 5월 27일

제보자X 드림

X-stock letter 7.

안녕하세요. 제보자X입니다.
일곱번째 편지를 보냅니다.
[테마주에 속지 마세요!]
주식시장에서는 여러 종류의 '테마주'가 형성됐다가 사라지고는 합니다. 그러나 '실적 테마주'나 '배당 테마주' 이외의 대부분의 테마주들은 '주가조작 행위'에 알리바이를 만들어주기 위한 명분에 지나지 않습니다.
주가조작 세력들이 부당이득을 목적으로 특정 종목의 주식을 인위적으로 띄운 이후, 해당 종목을 불공정한 매매기법으로 팔아치우고, 자신들의 부정행위를 '테마주 편입'으로 포장하기 위한 수법들이 대부분입니다.
그 대표적인 것이 '대선 테마주 등' 정치인 테마주입니다. 이러한 '테마주 편승'이 위험한 이유는, 주가조작의 설계 시, 매도 시점에 대해서 일반 투자자들은 전혀 예측할 수 없는 시점을 노린다는 것입니다. 주가조작의 테마주에 편승해서 일반 투자자가 수익을 얻었다면 그것은 단지 '우연'에 지나지 않는 것입니다.
우연은 결코 지속적으로 반복되지 않습니다.

> **question?**
> '김O일'님 질문요약

이재명/윤석열/이낙연의 지지율 흐름으로 우량주/작전주/투자주의종목 으로 보신 안목에 고수의 숨결을 느꼈습니다. 다시보고 다시봐도 적적한 비유는 없을 것 같습니다. "상승에서 횡보는 보이지 않는 하락" 다시 읽어보아도 탁견이라고 생각합니다.
제가 엘지전자우선주를 7년정도 보유하면서 올 해 1월 20일에 단기급등 할 때 매도를 하였습니다. 일봉 차트 상 7만원을 깨지 않는 모습에 괜찮아 보이고, 7만원을 깼어도 저가 매수인지 금방 회복하는 모습이 보였습니다.
'엘지전자 우선주'를 장기보유 목적으로 다시 매수해도 되는지 아니면 더 기다려야 하는지, 시세가 끝난 종목인지 궁금합니다.

 answer

우선주는 본 주의 실적이나 가치상승에 동반하게 됩니다. 본 주인 LG전자는 작년 12월 후반에 '회사의 분할 공시' 이후, 단 1 개월만에 200% 가 넘는 상승을 보였고, 우선주는 300% 가까운 큰 폭의 상승을 했습니다. 이는 대형주로는 이례적인 상승입니다. 시장에서는 LG전자가 부담스럽게 끌고가던 'MC 사업부문(휴대폰 사업) 생산 및 판매 종료'를 매우 긍정적으로 받아들였던 것입니다.
하지만, 단기간의 급등은 추가 상승에 부담일 수 있고, 아직 '배당 시즌' 까지는 6개월 가량의 시간이 남았으며, 지난번 배당에서는 '본 주와 우선주의 배당 차이'가 미미했습니다. 따라서 제 개인적인 생각으로는 지금 가격대의 매수 시기는 언제든 올 것이라고 생각합니다.
그러므로 '투자의 기회비용'을 생각한다면, 다른 저가 우량주를 물색하여 투자의 기회를 엿보면서 'LG전자 우선주'를 주시하다가 매수 타이밍을 잡아도 늦지 않을 것이라고 생각합니다.
다른 재벌기업들에 비해서 LG그룹 오너들의 마인드는 그나마 조금은 도덕적이라 생각해서 저도 늘 선호하는 주식이기도 합니다.
저는 개인적으로 '차트'를 맹신하지 않습니다. 어차피 차트는 '후행 지표'이기 때문에 차트 이전에 회사의 내부구조와 시장구조를 검토한 이후, 차트를 참고하는 방법으로 종목을 파악합니다. 그러므로 분석 종목에 대한 평가가 약간 보수적입니다. 10개의 종목을 파악한다면, '긍정적 또는 보유 VS 부정적 의견'의 비율이 '2 VS 8'이나 '3 VS 7' 정도로 평가하게 됩니다.
그러면 6월에도 성공적 투자로 수익을 많이 내시고, 수익중에 약간은 여러분의 '어려운 주변'을 돌아보는데 쓰여지기를 바랍니다.
감사합니다.

2021년 5월 31일
제보자X 드림

X-stock letter 8.

안녕하세요. 제보자X입니다.
여덟 번째 편지를 보냅니다.

[주식을 공부하는 방법 1]

제가 경험을 통해서 "좋다"고 생각하는 주식에 대한 공부 방법은, 유투브나 사설 애 널리스트들이 읊어주는 내용보다는 스스로 기본적인 용어를 많이 이해하는 노력을 하는 것입니다.

주식의 용어를 공부한다는 것은 그만큼 주식시장에서 쏟아지는 정보에 대한 이해도 와 정확도를 높일 수 있기 때문입니다.

"주식 용어"의 공부 방법으로는, 회사에서 발표하는 공시를 꼼꼼히 들여다보고 이해 하는 공부를 것과, 또한 회사에 분기별, 반기별, 연도별로 공시하는 '사업보고서'와 '감사보고서'를 반복해서 읽고 이해하는 것입니다.

주식 공부가 어렵습니다. 주식 공부를 더 어렵다고 느끼게 하는 것은 공부를 많이 하는 것과 '수익율'과는 비례하지 않기 때문이기도 합니다.

하지만 "주식공부"를 하는 이유는, 당장 수익들을 높이기보다는 실패의 확률을 줄이 기 위해서라고 생각합니다. '기본'은 갖춰야 무모한 투자를 하지 않을 수 있습니다. '기본'은 갖춰야 잘못된 정보로 유혹하는 세력들과 주식시장에 기생하는 기레기들의 농간에 흔들리지 않을 수 있습니다.

오늘은 많은분들이 접근하기 좋은 종목에 대한 요청을 해와서 간단히 몇 종목에 대 해서 긍정적인 표현을 해보겠습니다.

호텔신라(008770) : 장기 투자가 가능하신분은 보유나 매수해 놓으시면, 제 2금융 권의 이자수익 이상의 수익은 가능한 종목입니다.

우리들휴브레인(118000) : 지난번 부정적 평가를 했는데, 그 이후 낙폭을 더 키웠 습니다. 따라서 작으나마 반등이 예상됩니다.

● 시장정보 종목

디딤(217620), IHQ(003560), KT서브마린(060370)
이러한 종목들은 모니터에 접근이 용이한분들에 한해서, 100만원 이하의 소액투자 로 매매패턴을 공부하기에 좋은 종목입니다.

열 번째 편지부터는 제가 후원했으면 하는 단체나 기관들의 후원계좌를 동봉하겠습 니다. 후원을 추천하는 단체와 기관의 선정은 누구와도 상의하지 않은, 오로지 제 개인의 판단이고, 결정입니다. 약간의 수익이 나게 된다면, 각자 자발적으로 좋은 일 을 해주셨으면 합니다.

저도 최선을 다하겠습니다.

감사합니다.

2021년 6월 2일
제보자X 드림

X-stock letter 9.

안녕하세요. 제보자X입니다.
아홉 번째 편지를 보냅니다.

오늘은 질문을 주신분의 내용 많아서 제변하고 바로 답글 써보도록 하겠습니다.

"이세○"님의 질문 요약

저는 정말 주식용어도 모르고 주식공부도 못하겠어요.ㅠㅠ
지인 권유로 씨젠 주식 잘못 들어가(당시 200주 * 245,000원 구매)
지금 400주가 되었지만 현시점 -22,830,000원 입니다 ㅠㅠ

다행이 빚을낸건 아니라 당장 처분안해도 되는데
어느정도 회복될때까지 몇년이고 갖고있어야겠지요?

정말 욕심내지않고 소액이라도 이익을 보게되면 돕고싶은 단체가 있어요. 예를들어
18살 어른캠페인...이동형tv에서 들었는데 아직 실천을 못하고있어요.
다만 아이들 용돈 몇만원씩 줄때마다 몇천원씩이라도 성리대후원에 기부하라고 가
르치고 있습니다. 저도 꼭 그럴꼐요.

우선 씨젠이(096530)이라는 주식은 지난 "코로나-19" 상황의 가장 큰 수혜주라고
생각합니다. "이세○"님의 글을 보면, 작년 고점에서 매수한 이후, 무상증자로 200
주에서 400주가 된 것으로 보입니다. 하지만 현재 시점은 "무상증자 권리락(4월
23일)" 이후 하락을 지속하여 수익률은 마이너스 40% 가량 되는 것으로 판단됩니
다.

이 주식은 자주 "공매도 세력"의 타깃이 되기도 합니다. 또한 "손절 시점"은 지난 것
으로 보입니다. 데이트레이딩에 능숙하다면 매도 후 저점 매수의 병법도 있으나, "이
세○"님의 사정은 여의치 않으니 제 개인적은 생각으로는 연말의 "배당 시즌"에 반
등이 올 경우, 일부 손실을 만회하는 지점에서 매도 기회를 갖는 것이 좋을 것 같습
니다.

이 주식에 대해서 아쉬운 것은, 불법은 아니라고 하지만 회사의 임원과 특수관계인
들이 전 고점 즈음에서 매도를 했다는 것은 소액주주들에게 비난받을 소지가 있다
고 생각합니다.

성 명	관 계	주식의 종류	소유주식수 및 지분율				비 고
			기 초		기 말		
			주식수	지분율	주식수	지분율	
천응문	본인	보통주	4,754,440	18.12	4,754,440	18.12	-
천경준	친인척	보통주	1,001,250	3.82	962,501	3.67	증여
천응기	"	보통주	580,080	2.21	580,080	2.21	-
안걸욱	"	보통주	922,460	3.52	890,638	3.39	장내매도
우진경	"	보통주	3,700	0.01	0	0.00	장내매도
최현수	"	보통주	18,357	0.07	0	0.00	장내매도
최진수	"	보통주	43,510	0.17	44,019	0.17	장내매수
김영기	"	보통주	26,250	0.10	0	0.00	장내매도
천제열	"	보통주	127,508	0.49	127,508	0.49	-
천미연	"	보통주	105,461	0.40	83,483	0.32	장내매도
전시열	"	보통주	187,894	0.72	171,794	0.65	장내매도
최율더	"	보통주	13,444	0.05	0	0.00	장내매도
최률록	"	보통주	10,063	0.04	2,763	0.01	장내매도
천녕철	"	보통주	21,000	0.08	10,500	0.04	증여
천희록	"	보통주	9,589	0.04	8,919	0.03	장내매도
천엽록	"	보통주	7,070	0.03	5,815	0.02	장내매도
천태㐅	"	보통주	7,270	0.03	3,694	0.01	장내매도
허노웅	임원	보통주	58,500	0.22	58,500	0.22	-
천흥대	친인척	보통주	175,000	0.67	135,000	0.51	장내매도
천순희	"	보통주	17,504	0.07	7,766	0.03	장내매도
차금록	"	보통주	206,728	0.79	204,728	0.78	장내매도

일반주주들을 위해서 "자사주 매입"이나 "자사주 매입 후 소각" 같은 회사 차원의 대응이 필요해 보입니다.

"700-**55"님의 질문요약

어쩌다가 '셀리버리'에 미쳐서 1년을 넘게 보유중인데 결국은 마이너스가 되고 말았습니다. 손절을 할까 싶습니다. 무식하게 주식을 하다가 없는 돈 빚내서 수익을 날렸습니다. 도움을 솔직히 받고 싶습니다. 도와주십시오

 answer

이 회사의 경우도 바이오 관련하여 "특례 상장"된 경우입니다. 모두 그렇지는 않지만 바이오 관련된 특례상장 주식들의 많은 경우는 상장 이전에 발행했던 전환사채가 상장 이후에 주식으로 전환되서 상승 시에 주가에 악영향을 주는 것을 자주 볼 수 있습니다.

이 과정에서 증권사 등 상장 당시에 관여했던, 회사 정보에 가까운 세력들이 고점으로 끌어 올린 후, 매도해버리는 패턴으로 정보에 어두운 소액주주들의 피해를 양산하기도 합니다.

"700-**55"님은 셀리버리를 너무 '사랑'하셨나 봅니다. 어떤 종목을 무작정 사랑하는 순간 투자는 실패합니다. 투자자와 투자대상은 "SOME" 관계면 충분합니다. 긴장하고, 밀고 당기는.

이 회사의 주식도 100% 무상증자 시 상승했다가, 권리락 이후 하락을 거듭하고 있습니다. 제 개인적인 생각은 향후 횡보나 하락 조정이 상당 기간 있을 것으로 보입니다. 다만 유통 주식수가 적은 것은 그나마 긍정적으로 보이지만, 아직도 전환사채의 미전환 물량이 존재하고, 주식매수선택권(스톡옵션)의 물량도 상당히 있는 것으로 보입니다.

"700-**65"님은 투자금의 원천이 "채무"라면 이미 손실을 안고 시작하는 것이라고 보여집니다. 좋은 답변 드리지 못해 죄송합니다.

셀리버리의 경영진이 소액주주들을 위한 경영 방침을 보다 적극적으로 가져주기를

● 요즘은 저도 공부하는 마음으로 편지를 씁니다. 주식시장은 제도나 규칙들이 수시로 변화하기 때문에 늘 공부하는 마음이 필요하다고 생각합니다. 더 많이 공부해서 "20번째 편지" 정도에서부터는 제가 공부했던 종목들에 대해서 다른 소통방법으로 적극적인 매수 싸인을 주는 것도 생각하고 있습니다. 지금은 제가 할 수 있는 표현의 한계가 존재합니다.

2021년 6월 2일
제보자X 드림

X-stock letter 10.

안녕하세요. 제보자X입니다.
열 번째 편지를 보냅니다.

어느새 열 번째 편지입니다. 그동안 편지를 통해서 분석한 종목은 15개 종목이었습니다. 이렇게 편지를 띄우면서 분석하는 종목들이 쌓이게 되면 훗날에는 '대부분의 종목들을 언급할 수 있지 않을까?'하는 기대도 해봅니다.

안녕하세요 O성미입니다
페북으로 좋은글 재미난 글 잘 보고 있습니다

X-stock letter 저도 받을수있을까요? 부탁드리며 혹시 OCI, 두산인프라코어는 어찌될까요? 매도타이밍 잡기가 제일힘든거 같아요
그럼 답장기다릴께요. 감사합니다 ^^

answer

'구 동양제철화학'의 사명이 OCI입니다. 2017년 사주의 사망 이후, 상속인 대표와 전문 경영인이 함께 경영하고 있으며, 대주주 지분은 상속인 및 특수관계인들이 무리없이 상속되어 보유하고 있는 상황입니다.(약 22%)

하지만 지난 2년의 경영실적은 저조했음에도 주식은 52주 대비 약 300% 상승한 상태입니다. 현재의 상황은 대외적인 변수에 취약해 보입니다. 따라서 제 개인적인 판단은 추가 상승에는 제한적일 것으로 보입니다.

'두산인프라코어'는 최근 두산중공업과의 회사 분할-합병 결정과 관계사의 40% 유상감자 등의 이슈로 대형주에서는 보기 드물게, 최근 50일만에 200% 급등세를 보이면서 1만 7천원대를 기록하고 있습니다.

기업 규모가 크기 때문에 그 연역과 전망을 이 편지에 모두 적어 넣기는 불가능하기 때문에, 간단히 설명하자면, 제 개인적인 판단으로는 앞으로 어느정도 추가 상승이 가능해 보이지만, 장기보유는 불안해 보입니다.

두산그룹의 기업 이미지가 아직은 '고전적 업종'의 이미지가 강한데, 향후 두산그룹의 기업 개편 과정에서 어떻게 새로운 그룹 이미지를 어떻게 형성하느냐도 앞으로 두산그룹의 전체 진로에 많은 영향을 미칠 것으로 개인적으로 생각합니다.

단, 두 회사 모두 '공매도'가 가능한 종목임을 유념하셨으면 합니다.

[후원 단체] 앞으로는 제가 돕고 싶은 단체의 후원계좌를 편지와 함께 동봉하겠습니다. 저는 여러분들에게 저의 작은 재능을 기부하고, 여러분이 혹여 투자에 수익을 얻게 되면 각자의 판단으로 기부를 부탁드립니다. 후원 단체의 선정은 저의 개인적인 성향과 판단으로 결정하여 선정하는 것입니다.

첫 단체는 성공회대에 계시는 한흥구 교수님이 추진하는 "반헌법 행위자 열전 편찬 사업"입니다. 한흥구 교수님은 유투브 '한흥구 TV'를 통해서 '대한민국 근-현대사'에 대하여 매우 유익한 방송을 하고 계십니다.

국민은행 : 006001-04-208023
예금주 : (사)평화박물관건립추진위원회

앞으로도 최선을 다하겠습니다.
여러분도 성공적인 투자가 되기를 기도합니다.

감사합니다.

2021년 6월 8일
제보자X 드림

제보자X의 제보공장

X-stock letter 11.

안녕하세요. 제보자X입니다.
열한 번째 편지를 보냅니다.

[주식을 공부하는 방법 2] 누군가로부터 종목을 추천 받았을 때, 해당 종목을 매수하기 전에 '안전 점검' 해야 할 몇 가지가 있습니다. 첫째, 발행 주식 수와 유통물량입니다. 유통물량은 '대주주 지분 및 특수관계인 지분'을 제외한 주식 수를 말하는데, 대주주 지분이 적고 유통물량이 많은 주식은 되도록 피해야 합니다.

여기서 하나 더 들여다보자면, 최근에 증자를 진행했거나 회사에서 아직 해소하지 못한 전환사채의 규모를 파악해서 향후 주식 전환으로 출회 될 물량을 점검하는 것도 중요합니다. 이것은 감사보고서의 '주석'을 보면 파악할 수 있습니다. 특히 바이오주나 기술특례 상장 주식들이 그러합니다.

두 번째, 경영실적입니다. 감사보고서나 사업보고서에 나타난 경영실적에서 '매출액-영업이익-당기 순이익'을 지난 2년간과 실적과 비교해서 보면 대강의 회사의 전망과 주가의 향후 추이를 볼 수 예측할 수 있습니다.

세 번째, 주가의 차트와 공시 내용과 기사 내용의 비교입니다. 주가의 차트가 올라왔고, 공시 내용이 발표되었고 노출된 기사가 많다면 고점의 상투일 가능성이 높습니다. 그러니 주가 차트의 일봉 변곡점과 공시 및 기사 내용을 비교하면서 추세를 파악하는 것도 중요합니다.

네 번째, 회사의 이름이 자주 바뀌거나 대표이사의 잦은 교체가 있는 회사를 피해야 합니다. 정당 이름을 자주 바꾸는 정치세력들을 신뢰할 수 없는 것과 마찬가지입니다.

최소한 이렇게 네가지 정도를 점검하고 매수 결정을 하는 것이 '안전'합니다.

question?

"용○창"님 질문 요약

2021년 2월에 레인보우로보틱스를 33,400원에 매입했습니다.
언제까지 가지고 있어야할지 문의 드립니다. 바쁘신데 죄송합니다.

 answer

이 회사도 올해 2월에 특례 상장된 회사입니다. 이 회사는 3년연속 적자이지만 매출액 증가 추세는 양호한 편입니다. 특례상장된 회사의 대부분이 매출과 영업이익은 아직 미미합니다.

특례상장된 회사의 대부분 주가 흐름이 상장 초기 반짝 상승했다가 흘러내리는 모양새입니다. 이 회사의 주식도 특례상장 주관사 두 곳이 주당 1만원에 265,000주를 신주인수권을 상장 직전 취득한 상태에서 6월초에 행사를 통해서 주권으로 상장된 상황 입니다. 이러한 주식들은 언제든 출회 될 수 있는 물량입니다.

산업안전에 대해 엄격해지고 있는 산업 환경의 변화로 회사의 향후 성장성은 높아보이지만, 주가에 반영되는 시점은 상당한 기간이 필요해보입니다. 따라서 "용O창"님의 [매수가]까지는 상당한 기간이 필요해 보입니다.

이 회사의 특징 하나는 대주주와 경영진이 특정 투자조합과 '태그얼롱(Tag Along)' 계약이 되 있다는 것입니다. 이 조항은 대주주와 특수관계인들이 지분을 매도할 경우, 계약된 투자조합의 지분을 같은 조건으로 '동반매도'해야 하는 조건입니다. 이는 투자조합의 지분이 '경영권 지분'과 동등한 지위를 갖는 특수한 계약입니다.

....

[후원 단체] 제가 돕고 싶은 단체의 후원계좌를 편지와 함께 동봉하겠습니다. 저는 여러분들에게 의의 작은 재능을 기부하고, 여러분이 혹여 투자에 수익을 얻게 되면, 각자의 판단으로 기부를 부탁드립니다. 후원 단체의 선정은 제의 개인적인 성향과 판단으로 결정하여 선정하는 것입니다.

두번째 단체는, "사단법인 평화나무"입니다. 평화나무는 사이비 기독교를 비판하고 올바른 교회 문화를 이루고자 하는 단체이며 "쪄날리즘"이라는 신문을 정기 발행 합니다. 하나은행 179-910041-36704 (사단법인 평화나무)

2021년 6월 10일
제보자X 드림

X-stock letter 12.

안녕하세요. 제보자X입니다.
열두 번째 편지를 보냅니다.

지루한 횡포 장세가 계속되고 있습니다. 주간 거래일수 기준(5일)으로 3강 2약, 또는 2강 3약의 박스(BOX)권 횡보 장세입니다. 종목들의 변동폭도 대부분 5% 이하로 크지 않아, 수익 목표는 낮게 잡고, 수익 실현에 적극적으로 대응해야 할 것으로 보입니다. 연말 금리 인상의 사인(Sign)이 있어서 그 폭에 주목하고 있는 주식시장입니다.

> **question?**

> '하하'님의 질문요약

늘 감사한 마음으로 배우며 투자에 임하고 있습니다~~평화박물관건립추진위원회 소액이지만 기부했습니다~~^^ 저도 종목 질문 하나 드릴까 합니다~~코스맥스 유상증자도 하고 하던데 향후 주가는 어떨지~~궁금합니다~~
감사합니다~~^^

 answer

코스맥스(192820)는 화장품 제조회사로 기초는 튼튼한 회사로 보입니다. 이 회사의 최근 이슈는 1주당 0.1주 주주배정 유상증자입니다. 상장 이후, 2016년 한차례 증자를 진행한 이후로 처음으로 진행하는 유상증자입니다. 예정 발행가는 103,000원입니다.

화장품 시장의 향후 전망이나 증자의 비율과 내용 등으로 볼 때, 증자의 참여는 좋아 보입니다. 그렇기 때문에 '권리락' 이후에도 주가는 견조한 추세를 보이고 있습니다. 다만, 신주 상장일인 7월 8일을 전-후에서는 신주의 '차익 실현 매물'이 나올듯해서 어느 정도의 하락 조정은 있을 것으로 보입니다. 제 개인적인 생각으로는 이때가 오히려 매수 타이밍이라고 보여집니다.

증자 참여로 좋은 수익을 기원하겠습니다.

> **question?**

> '석창'님의 질문 요약.

어제 보내주신 메일보고 소액이지만 후원을 했습니다. 앞으로 더 많은 후원하도록 노력하겠습니다. 제가 보유하고 있는 주식이 크게 아래와 같습니다. 드레곤플라이(030350) 매수가 주당 5900원, 경남제약(053950) 매수가 주당 10,000원

혹시 이 주식들은 어떻게 처분해야 할까요. 주식을 잘 모르던 시절에 주변인들 말 듣고 매입했다가 계속 보유중인데 어느 시점에 매도를 해야하는지 고민입니다. 조언 부탁드립니다.

answer

가끔 '매도 시기'를 질문하시는 분들이 있습니다. 그런데 그 시기를 특정한다는 것은 '신의 경지'이거나 내부자 정도가 가능해 보입니다. 또한 각자의 목표와 사정이 있으므로 제가 매도시점을 특정한다는 것은 위험해 보이고, 저는 회사의 내부 구조를 파악해서 추세 정도를 조언하는 것이 맞다고 생각합니다.

드레곤플라이(030350)는 게임관련주입니다. '석창'님의 매수 시점은 근래 최고점에서 매수한 것으로 보입니다. 이 회사 역시도 최근 300억원대 대규모 주주배정 유상증자를 진행하고 있습니다. 회사의 대주주 지분이 낮고, 재무제표는 양호해 보이지 않습니다.

증자의 구조는 현재 발행주식 총수와 거의 비슷한 1,700만주로 거의 1:1 비율 주주배정 방식의 대형 증자입니다. 발행 예정가는 주당 1,780원이고 신주 배정 기준일은 7월 7일입니다. '석창'님의 매수가에 도달하기에는 너무 아련한 세월이 필요해 보입니다.

하지만 대규모 증자를 성공시키기 위해서는 신주 배정일 전-후하여, 그리고 주금 납입일 이전에 약간의 반등을 주는 것이 일반적인 구조입니다. 시장가와 신주 발행가 차이를 벌리면서 증자 참여를 유도하는 것이 보통의 전략입니다. 이 반등 시기에 매도하여 손실을 일부라도 만회하는 전략으로 가는 것이 좋을 것 같습니다. 경남제약에 대해서는 다음 편지에 추가하겠습니다.

....

[후원 단체] 제가 돕고 싶은 단체의 후원계좌를 편지와 함께 동봉하고 있습니다. 저는 여러분들에게 저의 작은 재능을 기부하고, 여러분이 혹여 투자에 수익을 얻게 되면 각자의 판단으로 기부를 부탁드립니다. 후원 단체의 선정은 제의 개인적인 성향과 판단으로 결정하여 선정하는 것입니다.

이번 후원 단체는 '호루라기 재단'입니다. 호루라기 재단은 우리사회의 많은 공익 제보자를 도와 온 공익 단체입니다. 저 역시도, 한명숙 총리 사건 조작 사건과 채널A 검-언공작 사건 폭로 이후, 호루라기 재단으로부터 "변호인 조력 등" 많은 도움을 받았습니다. 국민은행 061701-04-149655 재단법인 호루라기

저도 계속 노력하겠습니다.
여러분도 성공적인 투자가 되기를 기도합니다.

감사합니다.

2021년 6월 12일
제보자X 드림

X-stock letter 13.

안녕하세요. 제보자X 입니다.
열세 번째 편지를 보냅니다.

저는 주식시장의 색다른 경험으로 사채 시장의 기업 사채업자 이력이 있습니다. 그 당시의 경험으로 주식을 바라볼 때, '투자'의 개념보다는 '이 주식을 담보로 잡고 자금을 빌려주면 안전할까?'의 관점이 강합니다. 그러므로 회사를 바라보는 시각이, 보수적으로 평가하게 됩니다.

이런 점은 적극적인 투자자로서는 단점일 수 있지만, 해당 주식의 '안정성'을 평가한다는 측면에서는 장점이 될 수도 있다고 생각합니다.

> **question?**
>
> **'송O호'님의 질문 요약**

안녕하세요. 항상 고맙고 감사합니다. 지인의 추천으로 '하나머티리얼즈'를 45,000원에 매수하였는데 조금 오르더니 오늘은 41,000원대로 빠집니다. 계속 보유해도 괜찮을는지? 분석 좀 부탁드립니다.

answer

하나마이크론(166090)은 반도체 부품-소재 회사입니다. 회사의 경영권도 안정적이고 경영 내용이나 재무제표 내용은 견실하고 꾸준히 배당을 진행해 온 회사입니다. 다만 52주 거래 구간에서 400% 이상의 급등을 보인 주식으로 어느 정도의 하락 조정은 있을 것으로 보입니다.

6월 30일 기준으로 중간 배당 기준일로 확정되어 있지만, 중간 배당은 금액이 크지 않습니다. 배당 발표 당시(2월 초)의 대량 거래가 이루어지면서 본격적인 상승이 진행됐는데, 차익 실현 매물이 어느 정도 출회 되느냐가 단기간의 낙폭을 가늠해 볼 수 있을 것 같습니다.

매매 전략으로는 장기간 보유를 해도 무방할 것으로 보이나, 급등한 폭이 큰 만큼 하락폭도 클 수 있으니 매도 후, 저점 매집의 전략도 괜찮아 보입니다. 이 주식은 계열 관계인 하나마이크론(067310)과 연동해서 관찰해야 합니다.

> **question?**
>
> **'김O순'님의 질문 요약**

제보자님 뉴스타파서부터 줄곧 팬입니다. 저는 요식업을 하는데 6월15일로 16년 일한 가게를 문을 닫아요. 마음이 먹먹하네요. 참 억지로는 않되네요 ...주식도 여러 문제도 경험을 다 해본 것 같네요.

지금 크리스탈지노믹스 매수중이고 소위 물렸다고 생각할 지는 몰라도 밑으로 갈수록 모으려 하고 있습니다. 두서없이 처음이라 일단 미루고 미루던 소통을 해봅니다.

answer

크리스탈지 노믹스(083790) 이 주식은 최근의 공시위반의 악재와 경영권 분쟁에 따른 소송 등의 문제로 하락하고 있고, 이에 회사는 대규모 자사주 매입(100억원대)과 대규모 무상증자 이슈로 주가를 방어하고 있는 모습입니다.

다만 제가 파악한 바로는, 발생된 주식 수가 많고, 회사의 대주주 지분이 낮고, 미전환된 전환사채 물량이 존재하고 있으며, 아직 부채 대비 순자본 비율은 충분하지만, 직전 사업연도와 당해 사업연도에 대규모 적자를 기록하고 있습니다. 따라서 앞으로도 어느 정도의 추가 하락 조정이 예상됩니다.

경영진들의 주가 방어 노력이 적극적임으로 발생한 악재들을 해소해 나간다면 주가도 안정을 찾아갈 것으로 생각됩니다. 더불어 '김O순'님의 투자 성공도 함께 기도하겠습니다.

....

[후원 단체] 제가 돕고 싶은 단체의 후원계좌를 편지와 함께 동봉하고 있습니다. 저는 여러분들에게 저의 작은 재능을 기부하고, 여러분이 혹여 투자에 수익을 얻게 되면 각자의 판단으로 기부를 부탁드립니다. 후원 단체의 선정은 제의 개인적인 성향과 판단으로 결정하여 선정하는 것입니다. 6월은 아래의 세 단체와 함께 하겠습니다.

1. 호루라기 재단은 우리사회의 많은 공익 제보자를 도와 온 공익 단체입니다. 저 역시도, 한명숙 총리 사건 조작 사건과 채널A 검-언공작 사건 폭로 이후, 호루라기 재단으로부터 "변호인 조력 등" 많은 도움을 받았습니다. 국민은행 061701-04-149655 (예금주 : 재단법인 호루라기)

2. "사단법인 평화나무"입니다. 평화나무는 사이비 기독교를 비판하고 올바른 교회 문화를 이루고자 하는 단체이며 "쩌날리즘"이라는 신문을 정기 발행 합니다. 하나은행 179-910041-36704 (예금주 : 사단법인 평화나무)

3. 한홍구 교수님이 추진하는 "반헌법 행위자 열전 편찬 사업"입니다. 한홍구 교수님은 유투브 '한홍구 TV'를 통해서 '대한민국 근-현대사'에 대하여 매우 유익한 방송을 하고 계십니다.

국민은행 : 006001-04-208023
예금주 : (사)평화박물관건립추진위원회

주변에 주식투자를 하는 분이 계시면 저의 메일을 많이 공유해 주세요. 저도 최선을 다하고, 위의 단체들이 많은 후원을 받았으면 합니다. 여러분도 성공적인 투자가 되기를 기도합니다.

감사합니다.

2021년 6월 15일
제보자X 드림

X-stock letter 14.

안녕하세요. 제보자X입니다.
열네 번째 편지를 보냅니다.

[아무것도 하지 않을 자유와 기본소득] 누구나 성인이 되면, 직장을 잡아 무엇이든 해야 살아남을 수 있는 사회구조입니다. 금융자본주의가 뒤덮은 지구상의 모든 사회가 그러합니다. 하지만 막대한 부를 축적한, 자본 권력을 쥐고 있는 자들의 대부분은 언제든지 '아무것도 하지 않을 자유'를 마음껏 누리고 살아갑니다. 심지어 범죄를 저지르고, 프로포폴 중독경영을 하고, 감옥에 있어도 매년 수백억 원에서 수천억 원의 연봉과 배당이익을 받아가면서 '아무것도 하지 않아도' 잘 살아갑니다.

'아무것도 하지 않을 자유'와 무위도식(無爲徒食)은 다릅니다. 자본 권력을 쥐고 있는 자들은 '아무것도 하지 않을 자유'를 대(代)물림하면서 자신들의 권력을 공고히 해나가지만, 대부분 일반인과 청년들은 아무것도 하지 않을 자유 없이, 매 순간을 생존을 위해 살아가야 하기에 미래를 준비하기 위한 '창의적인 생각을 할 수 있는 시간'이 주어지지 않습니다.

반드시 무엇을 해야만 하는 대부분 노동자는 주말에 잠깐, 그리고 휴가철에 잠깐 쉴 수 있지만, 그렇다고 '아무것도 하지 않을 수 있는 자유'가 온전히 주어진 것은 아닙니다.

따라서 '기본소득'이란, 누구에게나 공평하게 아주 잠시만이라도 '아무것도 하지 않을 수 있는 자유'를 주는 것과 같다고 생각합니다. 아무것도 하지 않아도 잠시라도 '생존할 수 있는 권리'를 주는 것, 매일 똑같은 생각이 아니라 잠시라도 일상적인 사고의 틀에서 벗어나 '창의적인 사고를 할 수 있는 시간'을 누구에게나 주는 것이 바로 '기본소득'이 아닐까 생각합니다.

조만간 '2차 전 국민 재난지원금'이 지급될 것으로 보입니다. 크지 않겠지만 이것이 주식시장에도 호재성 유동성 효과로 나타날 수 있습니다. 제 생각은 거래소보다는 코스닥에 호재일 듯합니다. "먹고살기 힘든데, 그 돈으로 주식을?"이라고 생각하시는 분들도 있겠지만, 저는 오히려 힘든 분들이 아주 적은 돈으로라도 자본 시장의 구조를 배우고 자본 시장의 이익을 조금이라도 얻었으면 하는 바람입니다.

그래서 7월에는 [재난지원금, 소액 공략 종목]을 몇 개 찾아볼까 합니다.

> question?

'윤○현'님의 질문 요약

주식 시작한지 1년정도 되었고요. 1년간은 주식시장이 좋아서 수익도 조금 냈습니다. 주식에 대해 계속 공부하다가 괜찮은 종목이 생겨 전문가이신 제보자X 님에게 조언을 얻고자 메일 보냅니다.

1. 자율주행차 관련 켐트로닉스(089010)
2. 위성관련 한화시스템(272210) 입니다.

두 종목을 2년이상 장기보유 할 생각으로 보고 있는데, 재무제표나 지분등을 제가 공부했을 때는 괜찮아 보이는데, 제 판단이 맞는지 고견을 듣고 싶어 이렇게 여쭤봅니다. 바쁘시겠지만 시간이 조금 걸려도 괜찮으니 답장 꼭 부탁드립니다. 감사합니다.

answer

켄트로닉스(089010) : 매출 증가세가 탄탄하고, 경영권은 안정적입니다. 또한 가치 있는 자회사들도 충분한 역할을 하고 있는 것으로 보입니다. 전환사채의 해소로 물량에 대한 부담도 없어 보입니다. 다만, 악성 채무는 아니라고 하더라도 매출 발생 과정에서 부담하고 있는 금융권 부채가, 향후 벌어질 글로벌 금리 인상의 영향을 받을 것으로 보입니다.

이 회사는 삼성전자, LG전자 등 안정적인 매출처를 가지고 있고, 현재는 '자율주행차 테마주'로 부상하고 있습니다. 주가는 지난 52주 대비 200%의 상승, 직전 2020년 3월의 최저가 7200원 대비해서는 300% 이상의 상승을 보이고 있습니다. 지난 몇 년의 주가 흐름을 보면, 저의 판단으로는 앞으로 2~3개월은 횡보(또는 하락 조정) 후, 다시 재상승의 모습을 보일 것으로 예상합니다.

한화시스템(272210) : 최근 이슈로는 1조원대 대규모 주주배정 유상증자가 완료됐고, 신주의 상장일이 6월 23일로 예정되어 있습니다. 또한 1년전 쯤의 최저가 대비 현재는 400% 이상의 상승을 보여주고 있습니다. 또한 최근(2020년 12월) 미국의 '위성 관련 회사'를 인수하였으나 '한화시스템'과의 시너지는 조금 더 시간이 필요해 보입니다.

따라서 저의 개인적인 판단으로는 신주의 물량부담과 지난 52주의 상승 부담으로 당분간은 횡보 또는 하락 조정이 예상됩니다. 저의 의견이 작은 도움이 됐으면 합니다.

....

[후원 단체] 제가 돕고 싶은 단체의 후원계좌를 편지와 함께 동봉하고 있습니다. 저는 여러분들에게 저의 작은 재능을 기부하고, 여러분이 혹여 투자에 수익을 얻게 되면 각자의 판단으로 기부를 부탁드립니다. 후원 단체의 선정은 제의 개인적인 성향과 판단으로 결정하여 선정하는 것입니다. 6월은 아래의 세 단체와 함께 하겠습니다.

1. 호루라기 재단은 우리사회의 많은 공익 제보자를 도와 온 공익 단체입니다. 저 역시도, 한명숙 총리 사건 조작 사건과 채널A 검-언공작 사건 폭로 이후, 호루라기 재단으로부터 "변호인 조력 등" 많은 도움을 받았습니다. 국민은행 061701-04-149655 (예금주 : 재단법인 호루라기)

2. "사단법인 평화나무"입니다. 평화나무는 사이비 기독교를 비판하고 올바른 교회 문화를 이루고자 하는 단체이며 "쩌널리즘"이라는 신문을 정기 발행 합니다. 하나은행 179-910041-36704 (예금주 : 사단법인 평화나무)

3. 한홍구 교수님이 추진하는 "반헌법 행위자 열전 편찬 사업"입니다. 한홍구 교수님은 유투브 '한홍구 TV'를 통해서 '대한민국 근-현대사'에 대하여 매우 유익한 방송을 하고 계십니다.
국민은행 : 006001-04-208023
예금주 : (사)평화박물관건립추진위원회

주변에 주식투자를 하는 분이 계시면 저의 메일을 많이 공유해 주세요. 저도 최선을 다하고, 위의 단체들이 많은 후원을 받았으면 합니다. 여러분도 성공적인 투자가 되기를 기도합니다.

감사합니다.

2021년 6월 18일
제보자X 드림

X-stock letter 15.

안녕하세요. 제보자X입니다.
열 다섯 번째 편지를 보냅니다.
책을 마무리하느라 이번 주는 조금 게을렀습니다... ㅎㅎ

question?

"박O춘"님의 질문요약

안녕하세요. 항상 응원하고 있습니다. 궁금해서 질문드립니다.
4월부터 아무 준비없이 주식을 시작해서 관심있는 분야에 투자하는게 좋다고해서,
제가 게임을 좋아해서 엔씨소프트를 93만원에 매수하였습니다만..
엔씨소프트에 대한 불매도 있고, 계속 보유하는게 좋은지 잘 판단이 안되서 문의 드립니다. 감사합니다.

answer

저의 개인적인 생각은 '자신이 관심있는 분야의 투자'는 좋은 투자 방법이라고 생각합니다. 해당 분야의 정보 이해력이나 정보 접근성이 좋기 때문입니다. 이번 코로나 19 펜데믹 상황에서 대부분의 온라인 게임주들이 선전했습니다. 엔씨소프트 (036570) 역시 게임의 대장주로서 지난 2월에는 100만원을 돌파하기도 했습니다.
이 주식은 또한 김택진씨와 국민연금 공단이 최대주주 경쟁을 벌이고, 신규 게임의 출시 등으로 고공 행진을 벌이다 최근에는 하락 조종을 받는 모양새입니다.

2018. 03. 최대주주 김택진으로 변경
2019. 03. '리니지 리마스터' 출시
2019. 04. 최대주주 국민연금공단으로 변경
2019. 09. 최대주주 김택진으로 변경
2019. 11. '리니지2M' 국내 출시
2020. 02. '블레이드앤소울 프론티어 월드' 출시
2020. 11. '퓨저(FUSER)' 북미, 유럽 출시

그간 상승세를 이끌었던 원인들의 해소로 인하여 당분간의 횡보는 불가피해 보입니다. 새롭게 출시된 게임들의 실적이 반영되는 시점이나 김택진씨와 국민연금 공단이 또다시 최대주주 경쟁을 벌인다면 다시 한번 상승 반전은 충분히 가능할 것으로 보입니다.

question?

"잠O완색"님의 질문 요약

수년전에 남북한간 화해 무드속에서 대북경협주 현대건설을 65000원에 1500주 매수했습니다. 당시에는 현 정부가 평화를 이뤄낼것이라는 믿음에...
10%정도 상승했을때 매도하지 않고 그냥 쭉 가지고 갈 생각으로 있었는데...

이후 상황은 북미관계가 나빠지면서 계속 하락했습니다. 그냥 신경끄고 있다가 최근에 건설주가 다시 오른다고 해서...아픈맘 다 잡고 65000원만 넘어서면 팔자라고 생각하고 있었는데.. 오르다가 다시 빠지고 있는 상황이라...그냥 손절해버릴까 어쩔까...고민이 많이 됩니다.

그냥 손절하고 카카오나 5g같은 성장주로 사서 만회를 해볼까...아니면 바이든 대통령이 되었으니 좀더 지켜볼까 고민입니다.
제보자님 고견은 어떠신지요?

 answer

매수 시기가 2018년 이후 고점에 매수한 것으로 보이고 그동안 마음 고생이 많았을 것으로 보입니다. 최근의 현대건설은 중동의 해외수주가 활발하고 서울의 재개발-재건축의 움직이 보입니다. 또한 남북관계 역시 긍정적인 방향으로 흐르는 듯 합니다.

따라서 지금의 손절 보다는 조금 더 보유하는 것으로 수익은 아니더라도 손실의 폭을 더 줄일 수 있다고 생각합니다. 또한 "잠O완색"님이 고민하시는 종목들 대부분도 고점에 이미 도달해 있는 상태라 종목 선택도 만만치 않을 것이라고 생각합니다. 저의 조언이 "잠O완색"님에게 작은 도움이 됐으면 합니다.

....

[후원 단체] 제가 돕고 싶은 단체의 후원계좌를 편지와 함께 동봉하고 있습니다. 저는 여러분들에게 저의 작은 재능을 기부하고, 여러분이 혹여 투자에 수익을 얻게 되면 각자의 판단으로 기부를 부탁드립니다. 후원 단체의 선정은 저의 개인적인 성향과 판단으로 결정하여 선정하는 것입니다. 6월은 아래의 세 단체와 함께 하겠습니다.

1. 호루라기 재단은 우리사회의 많은 공익 제보자를 도와 온 공익 단체입니다. 저 역시도, 한명숙 총리 사건 조작 사건과 채널A 검-언공작 사건 폭로 이후, 호루라기 재단으로부터 "변호인 조력 등" 많은 도움을 받았습니다. 국민은행 061701-04-149655 (예금주 : 재단법인 호루라기)

2. "사단법인 평화나무"입니다. 평화나무는 사이비 기독교를 비판하고 올바른 교회 문화를 이루고자 하는 단체이며 "쩌날리즘"이라는 신문을 정기 발행 합니다. 하나은행 179-910041-36704 (예금주 : 사단법인 평화나무)

3. 한홍구 교수님이 추진하는 "반헌법 행위자 열전 편찬 사업"입니다. 한홍구 교수님은 유투브 '한홍구 TV'를 통해서 '대한민국 근-현대사'에 대하여 매우 유익한 방송을 하고 계십니다.
국민은행 : 006001-04-208023
예금주 : (사)평화박물관건립추진위원회

주변에 주식투자를 하는 분이 계시면 저의 메일을 많이 공유해 주세요. 저도 최선을 다하고, 위의 단체들이 많은 후원을 받았으면 합니다. 여러분도 성공적인 투자가 되기를 기도합니다.

감사합니다.
2021년 6월 28일
제보자X 드림

구독참여 신청 메일주소
Xstock8949 @ gmail.com

● 이 편지는 거래일 4~5일이 지나거나 시승폭이 15% 이상일 경우에는 정보로서의 가치가 희석될 수 있음을 알려드립니다. 주의를 부탁드립니다.

표 및 파트 자료 찾기

인용한 보고서 및 기사 자료 참고 목록

1. 월간상장 2008 / 한국 상장사협의회 / 10월호

    [출처-http://www.klca.or.kr/KLCADownload/eBook/P6327.pdf?Mode=PC]

2. 금융감독원 공매도 잔고 보고 및 공시제도 개요

    [출처-https://www.fss.or.kr/fss/kr/acro/nsp/report.jsp]

3. 연합뉴스 / 2002년 9월 22일 "델타정보통신 주가조작 역할 분담"

    [출처-https://news.v.daum.net/v/20020922120536433?f=o]

4. 아시아경제 / 조유진 기자 / "코스닥 재벌 테마주 올 들어 급등…150%↑"

    [출처-https://www.asiae.co.kr/article/201\5052011083420562]

5. 노컷뉴스 / 이재용 기자 / 코스닥 재벌 테마주 올 들어 급등…150%↑

    [출처-https://www.nocutnews.co.kr/news/512207]

6. 시사저널 / 이석 기자 / 2007-11-26. 재벌 2, 3세 테마주 '손보기' 시작됐나

    [출처-http://www.sisajournal.com/news/articleView.html?idxno=121838]

7. 한국일보 / 최동순 기자 / 2019-6-28

    [출처-https://www.hankookilbo.com/News/Read/201906281473392654]

8. 시사저널 / 송창섭-공성윤 기자 / 2020년 10월 23일 '옵티머스게이트'의 시작점. 해덕 파워웨이의 잔혹사

    [출처-https://www.sisajournal.com/news/articleView.html?idxno=206791]

9. 매일경제 / 강계만 기자 / 2007-10-18. UC아이콜스 주가조작사건 140개계좌 동원한 조직범죄

    [출처-https://www.mk.co.kr/news/society/view/2007/10/565655/]

10. KBS / 2013-1-9 / '증권방송 믿었다가 개미만 피해'

    [출처-https://news.kbs.co.kr/news/view.do?ncd=2594505]

11. 매일경제 / 이가윤-김명환 기자 / 'H증권방송 믿고 투자했는데'
[https://www.mk.co.kr/news/special-edition/view/2013/02/82985/]

12. 스카이데일리 / 정수민 기자 / 피해 속출 인터넷 증권방송…칼 빼든 금융당국
[http://www.skyedaily.com/news/news_view.html?ID=67153]

13. 한겨레 / 정환봉 기자 / '불확실한 정보 준 증권방송이 피해 배상하라'
[http://www.hani.co.kr/arti/society/society_general/537641.html#csidx03271d
d6e0f0eb9ad6ab57291d6de67]

14. 소비자가 만드는 신문 / 김건우 기자 / 금감원, 불공정거래 발생 증권방송 내부 통제
강화 당부 [https://www.consumernews.co.kr/news/articleView.html?idxno=528663]

15. 머니투데이 / 이원광 기자 / 디즈텍시스템즈 '주가조작' 펀드매니저 9명 구속.
[https://news.mt.co.kr/mtview.php?no=2016010610311990455]

16. 한겨레 / 최현준 기자 / 61억→6조 만든 마법
[https://www.hani.co.kr/arti/PRINT/871752.html]

17. 한겨레 / 임재우 기자 / 45억 종잣돈이 7조원 상장주식으로…삼성 승계 25년사
[https://www.hani.co.kr/arti/society/society_general/960440.html]

18. 이투데이 / 안철우 기자 / [단독] 검찰, 비상장사 공모주 부정청약 적발… 前농심
캐피탈 본부장 구속 [https://www.etoday.co.kr/news/view/1500256]

19. 서울경제 / 유주희 기자 / [단독]청담동주식부자 장외주식 사기, 벤처캐피탈 '시세
조종'연루 의혹 [https://www.sedaily.com/NewsVIew/1L1LE6R68V]

20. 뉴스타파 / 이은용 기자 / 김재호 동아일보 사장과 방통위 간부, 비상장 주식 부당
거래 의혹 [https://newstapa.org/article/Wxvpf]

21. IT Chosun / 유진상 기자 / 최근 3년 간 암호화폐 거래소 해킹 사고 8건 발생…
피해규모는 1200억원 추정
[http://it.chosun.com/site/data/html_dir/2019/09/30/2019093001597.html]

22. 한겨레 / 2019 거래소 해킹사건 Top 7...업비트 규모 '최대'
[https://www.coindeskkorea.com/news/articleView.html?idxno=62105]

23. 한겨레 / 박근모 기자 / "국내 암호화폐 거래소, 최근 3년간 해킹으로 1200억원 손실"
[https://www.coindeskkorea.com/news/articleView.html?idxno=57799]

24. ZD NER KOREA / 송주영 기자 / 참엔지니어링, 경영권 분쟁 일단락
[https://zdnet.co.kr/view/?no=20150407165846]

25. 더 벨 / 김형락 기자 / 참엔지니어링, 참저축은행 경영권 분쟁 불씨 제거
[http://www.thebell.co.kr/free/content/ArticleView.asp?key=202006291532389680103956]

26. 이투데이 / 정다운 기자 / '1000억 대출 사기' 디지텍시스템스는 어떤 회사
[https://www.etoday.co.kr/news/view/1306764]

27. 뉴데일리 / 양원석 기자 / '기업사냥꾼'에 넘어간 디지텍시스템스, 2년 만에 [쪽박]
[http://www.newdaily.co.kr/site/data/html/2014/04/07/2014040700112.html]

28. 서울경제 / 김연하 기자 / 신후 "대표이사 구속·수사 진행중"
[https://www.sedaily.com/NewsVIew/1KW6LEV0ED]

29. 한국경제 / 황정환 기자 / "중국과 독점 계약" 가짜 '펄' 만들어 80억대 부당이득
챙긴 주가조작단 [https://www.hankyung.com/society/article/2017071402681]

30. 시사저널 / 송응철 기자 / [단독] 최악의 주가조작 에스아이티글로벌의 '막장 드라마'
[https://www.sisajournal.com/news/articleView.html?idxno=167793]

31. 한국경제 / 심은지, 정소람 기자 / '중국 테마주' 주의보
[https://www.hankyung.com/society/article/2016050346871]

32. 세미나투데이 / 김수아 기자 / 디지파이코리아, 일본 ORAC社와 디지파이재팬 설
립 본계약 체결식 개최
[http://www.seminartoday.net/news/articleView.html?idxno=795]